Coriolano

William Shakespeare (Stratford-upon-Avon, Inglaterra, 1564-1616) fue un dramaturgo y poeta inglés, considerado uno de los más grandes escritores de todos los tiempos. Hijo de un comerciante de lanas, se casó muy joven con una mujer mayor que él, Anne Hathaway. Se trasladó a Londres, donde adquirió fama y popularidad en su trabajo; primero bajo la protección del conde de Southampton, y más adelante en la compañía de teatro de la que él mismo fue copropietario, Lord Chamberlain's Men, que más tarde se llamó King's Men, cuando Jacobo I la tomó bajo su mecenazgo. Su obra es un compendio de los sentimientos, el dolor y las ambiciones del alma humana, donde destacan la ternura y el sentido poético de sus comedias, y el realismo y el tratamiento de los personajes en sus grandes tragedias. De entre sus títulos cabe señalar *Hamlet*, *Romeo y Julieta*, *Otelo*, *El rey Lear*, *El sueño de una noche de verano*, *Antonio y Cleopatra*, *Julio César* y *La tempestad*. Su obra poética más conocida, *Sonetos*, está considerada una de las mayores de la poesía universal. Shakespeare ocupa una posición única en la historia de la literatura por su extraordinario talento y por su originalidad, y sus obras siguen siendo leídas e interpretadas en todo el mundo.

Clásica
Teatro

Biografía

William Shakespeare (Stratford-upon-Avon, Inglaterra, 1564-1616) fue un dramaturgo y poeta inglés, considerado uno de los más grandes escritores de todos los tiempos. Hijo de un comerciante de lanas, se casó muy joven con una mujer mayor que él, Anne Hathaway. Se trasladó a Londres, donde adquirió fama y popularidad en su trabajo; primero bajo la protección del conde de Southampton, y más adelante en la compañía de teatro de la que él mismo fue copropietario, Lord Chamberlain's Men, que más tarde se llamó King's Men, cuando Jacobo I la tomó bajo su mecenazgo. Su obra es un compendio de los sentimientos, el dolor y las ambiciones del alma humana, donde destacan la fantasía y el sentido poético de sus comedias, y el detalle realista y el tratamiento de los personajes en sus grandes tragedias. De entre sus títulos cabe señalar *Hamlet*, *Romeo y Julieta*, *Otelo*, *El rey Lear*, *El sueño de una noche de verano*, *Antonio y Cleopatra*, *Julio César* y *La tempestad.* Su obra poética más conocida, *Sonetos*, está considerada una de las cumbres de la poesía universal. Shakespeare ocupa una posición única en la historia de la literatura por su extraordinario talento y por su originalidad, y sus obras siguen siendo leídas e interpretadas en todo el mundo.

WILLIAM
SHAKESPEARE

CORIOLANO

Traducción y edición de Ángel-Luis Pujante

Edición revisada y actualizada

AUSTRAL

ESPASA

Título original: *The Tragedy of Coriolanus*

Espasa, un sello editorial de Editorial Planeta, S. A.
Avda. Diagonal, 662-664, 08034 Barcelona (España)
www.espasa.com
www.planetadelibros.com

Diseño de la colección: Compañía
Primera edición: 5-XII-1990
Primera en esta presentación (revisada y actualizada): marzo de 2025

Depósito legal: B. 3.656-2025
ISBN: 978-84-08-29982-0
Composición: Realización Planeta
Impresión y encuadernación: QP Print
Printed in Spain - Impreso en España

ÍNDICE

INTRODUCCIÓN

> Quien no sabe vivir en sociedad... es una bestia o un dios.
>
> ARISTÓTELES, *La política*

> For solitude is sometimes best society.
>
> JOHN MILTON, *Paradise Lost*

> Shakespeare's *Coriolanus* [presents] the struggle of wrong and wrong. That's what makes the play so hard to take.
>
> ERIC BENTLEY, *The dramatic event*

I

En el invierno de 1933-1934 las representaciones de CORIOLANO en la Comédie Française pasaron a formar parte de los disturbios que llevaron a la caída del gobierno Daladier en febrero de 1934. La «traducción» de Réne-Louis Piachaud (plagada de manipulaciones, vulgaridades y añadidos significativos, más efectista que dramática) fue entendida, en el mejor de los casos, como un comentario sobre la situación política francesa del momento; en el peor, como un alegato contra las instituciones democráticas y un intento de abonar el terreno para la eventual implantación de una dictadura fascista. Tal vez sea éste el ejemplo más elocuente de un Shakespeare modernizado, «hecho contemporáneo» nuestro *avant la lettre*. De modo semejante, no han faltado desde entonces lecturas marxistas de CORIOLANO (en Italia, en Alemania, en algún país del Este europeo). La utilización interesada de una misma obra con fines opuestos parece dar la razón a Coleridge cuando, precisamente en su nota sobre la obra, admira la *«wonderful philosophic impartiality in Shakespeare's politics»*.

CORIOLANO es una de las obras más políticas de Shakespeare, pero no porque se preste a simplificaciones contemporáneas (se entiende mejor al fascista desde Coriolano que a Coriolano como fascista). El interés de Shakespeare por la política se manifiesta en dos sentidos, a la vez amplios y precisos: (1) cómo se alcanza el poder, cómo se mantiene, cómo se pierde; (2) cómo el poder afecta al individuo. En el caso de Coriolano advertimos un tercer sentido, de reminiscencias aristotélicas: cómo vive en sociedad el individuo insociable. Sin embargo, Shakespeare no escribe teatro de ideas, sino de personajes, de caracteres. Por eso el componente ideológico de sus dramas no llega a acartonar a los protagonistas: siendo una de las obras más políticas del autor en los sentidos apuntados, CORIOLANO no es la dramatización de una tesis política.

Escrita en torno a 1608 y siendo una de las dos últimas tragedias del autor, CORIOLANO refleja los rasgos más característicos del Shakespeare maduro y universal: variedad estilística y dramática, penetración psicológica, escepticismo, agudeza intelectual. Para unos es, con *Timón de Atenas*, su obra más impopular; para otros (desde T. S. Eliot) es, con *Antonio y Cleopatra*, el mayor logro artístico de Shakespeare. Es sin duda una de sus piezas más descarnadas, intensas y complejas. Es seguramente su obra más inquietante. Contrasta con dramas como *Hamlet* o *Macbeth* por su ausencia de espiritualidad y vida interior. Su carácter de obra de acción es seguramente lo que explica la escasez de soliloquios, y el uso irónico de términos como *noble* u *honor* en contextos sospechosos nos desengaña de su apariencia espiritual. A diferencia de lo que hizo en *Julio César*, Shakespeare ha omitido en CORIOLANO toda referencia a los elementos sobrenaturales presentes en Plutarco. El tono distintivo de la obra viene marcado por su estilo austero y disonante. El lenguaje está impregnado de antítesis, paradojas y dilemas que refuerzan el espíritu contencioso del drama y el ambiente de antagonismo que lo caracteriza. La insistencia en lo material, conocido y palpable, y muy especialmente en las imágenes de animales, comida y enfermedades recalca la elementalidad en que se desenvuelve la historia: los conflictos están planteados en el terreno de la supervivencia y aun de la mera subsistencia.

II

Como en otras tragedias de Shakespeare, el protagonista es el centro de atención en todo el desarrollo de la obra. Cuando no está en escena desplegando su singularidad, los demás personajes apenas hacen otra cosa que hablar de él, de sus virtudes (especialmente, su excelencia en el combate) y sus vicios (sobre todo, su soberbia). Hacia el final, Aufidio intenta analizar a Coriolano y se pregunta por qué no supo llevar «sus laureles con mesura»:

Quizá por soberbia,
que, en el éxito continuo, no perdona
ni al más afortunado; quizá por falta de juicio,
al no aprovechar esas ocasiones
de las que era dueño; o quizá por naturaleza,
empeñado en ser el mismo, no pasando
del casco al sillón, imponiéndose a la paz
con la misma rigidez que en la guerra. Bastó una
(pues tiene dosis de las tres, aunque,
en esto yo le exculpo, ninguna por entero)
para ser temido, odiado y desterrado;
y eso que su mérito ahoga toda crítica.
De igual modo, nuestras virtudes dependen
de la opinión del momento...

Aufidio no llega a ninguna conclusión definitiva sobre el protagonista, que aparece así como un personaje inasible o enigmático, y confirma su indecisión ante los posibles defectos de Coriolano para concluir con una generalización sobre la relatividad y las fluctuaciones de las virtudes humanas. Las de Aufidio parecen prefigurar la disparidad de opiniones de críticos, actores y directores de escena sobre el protagonista, y, en consecuencia, sobre la obra en general. G. B. Shaw la llamó «la mejor comedia» de Shakespeare. Para un crítico (O. J. Campbell) es una sátira; para otro (D. J. Enright), un debate[1]. Aunque no se coincida con este tipo de juicio excluyente, se suele convenir en que CORIOLANO tiene «dosis de las tres» que hacen de ella una tragedia singular. Habría que añadir que es su propia singularidad lo que la hace, intelectual y estéticamente, tan digna de atención.

Es posible que Shakespeare aprendiera en sus años escolares la historia de Coriolano, conocida en la Europa renacentista. Es probable que la leyera en la historia de Roma de Tito Livio. En todo caso, no pudo abordar la tragedia hasta disponer de la riqueza informativa que le depararon las *Vidas paralelas* de Plutarco, en este caso la de Cayo Marcio Coriolano. Conviene precisar que en el Renacimiento era habitual reinterpretar las figuras del mundo antiguo, y no sólo en el teatro y la poesía, sino también en la historiografía. Por tanto, la lectura de Plutarco, con sus historias individuales contrastadas, dado a sopesar los pros y los contras, las virtudes y defectos de sus protagonistas, debió de proporcionar a Shakespeare un aliciente considerable.

Algunas de las primeras alusiones al personaje central (su fama, sus servicios de armas, su arrojo sin límites) apuntan a su condición de héroe y, por tanto, de ser superior y excepcional. Ya en escena, después de haber hecho gala de su olímpico desprecio por los hambrientos ciudadanos, le vemos eufórico ante la inminente guerra con los volscos y la oportunidad de hundir a su rival Aufidio. En las escenas bélicas del primer acto Coriolano está en su elemento, adelantándose a los de-

[1] Para estas y otras referencias véase la Bibliografía selecta, págs. 31-34.

más en su afán de demostrar su excelencia combativa, y Shakespeare nos ofrece la rara oportunidad de verlo luchar en escena, humillando a Aufidio y su ejército. Entra en Roma victorioso, distinguido con su sobrenombre entre los clamores de la multitud, y en seguida es nombrado cónsul. Cuando, después de las diversas peripecias que conducen a su último fracaso, caiga víctima de Aufidio, sus propios enemigos reconocerán su nobleza y lo enterrarán con todos los honores (como a Hamlet, como a Marco Bruto en *Julio César*). El elogio que Cominio le dedica ante el Senado, una especie de poema épico, le define como un héroe homérico, una variante romana de Aquiles. La clave está seguramente en las palabras con que Cominio preludia su panegírico: «Se dice que el valor es la virtud suprema / y la que más ennoblece a quien la tiene». Es una adaptación significativa de un comentario de Plutarco en su *Vida de Coriolano*, según el cual la valentía era una virtud tan estimada entre los romanos que se llamaba con el nombre mismo de «virtud» *(virtus)*.

Si en el Renacimiento era habitual reconsiderar las figuras de la antigüedad clásica, Plutarco ya invitaba a una actitud relativista en la medida en que asociaba la *virtus* romana con un tiempo pasado y dejaba entrever la condición fluctuante de las virtudes humanas. Recuérdese que Plutarco no era romano y que escribía unos seis siglos después del legendario Coriolano. El caso es que el hombre del Renacimiento aplica las nociones humanísticas de su tiempo a los antiguos héroes paganos y nos los muestra desde una nueva óptica. En CORIOLANO Shakespeare presenta las virtudes heroicas del protagonista con notable distanciamiento artístico, pero parejamente destaca los defectos que le achaca

Plutarco: su falta de instrucción y sociabilidad, su irascibilidad, su intransigencia, su soberbia. Además, Shakespeare saca importantes consecuencias dramáticas de la equiparación soberbia = soledad que Plutarco establece para quienes nunca ceden a las razones ajenas. El dramaturgo, que siempre había mostrado su interés por las cualidades deseables en un buen gobernante, tomó buena nota de un comentario de Plutarco según el cual Coriolano no era apto para ser gobernante ni príncipe porque carecía de la debida mesura y sociabilidad.

III

Numerosos lectores y críticos señalan la soberbia e inhumanidad de Coriolano dejándose llevar por los comentarios interesados o parciales de los ciudadanos, los tribunos y hasta de Cominio y Menenio en las etapas finales. Sin embargo, aun prescindiendo de estos comentarios, tanto las palabras como el comportamiento del protagonista confirman sobradamente los defectos que se le imputan. Por lo pronto, Shakespeare pone en boca de Coriolano el lenguaje más áspero y estridente de toda su obra. Recuérdese su primera entrada en escena enfrentándose al pueblo:

MENENIO
¡Salud, noble Marcio!
MARCIO
Gracias.— ¿Qué pasa, chusma indócil
que os rascáis la pobre sarna de vuestra opinión
y os hacéis piltrafas?

Después de leer en unos cien versos la suavidad verbal de Menenio, el contraste no puede ser mayor. Su seco «gracias» es más bien un «no, gracias», casi un rechazo de la sociedad que le ofrece Menenio, a cuyo saludo no corresponde: Coriolano prefiere ponerse a injuriar a los ciudadanos sin pérdida de tiempo. Su lenguaje es combativo y en esta primera escena no se puede evitar la sensación de que estamos ante un hombre solo lapidando a una multitud.

Coriolano es la negación de la elocuencia clásica o de la versión de ella que observamos en Menenio, sobre todo por su asociación con la *urbanitas*. Pero no es insensible a las palabras porque no sea elocuente, sino que es hipersensible a ellas en la medida en que halagan, agigantan, tergiversan los hechos. Shakespeare, atento a la importancia del foro y la retórica en la antigua Roma desde *Julio César*, crea en Coriolano al antiorador en el sentido de que su famosa diatriba de la escena central es lo contrario de una *oratio invectiva* ciceroniana destinada a persuadir: sus argumentos se ven perjudicados por su afán de acusar e injuriar coléricamente en un alarde de autoafirmación. Además, la actitud del protagonista y el lenguaje airado y ofensivo que la informa no perdonan ni a la propia nobleza a la que él pertenece: Coriolano le da una lección de buen gobierno y deja entrever que sólo él está capacitado para gobernar. Quizá sea éste el caso más flagrante de soberbia y estridencia verbal indisolublemente unidas.

Aun así, no son sólo las palabras lo que delata a Coriolano. Su actitud y sus actos son muy significativos, sobre todo aquellos en los que Shakespeare difiere de su fuente. Plutarco refiere que Coriolano, después de su victoria, pide la liberación de un hombre rico que le había dado posada en otro tiempo y que ahora ha caído prisionero. Shakespeare incorpora este dato en I.ix, pero se aparta notablemente de Plutarco. El «hombre rico» se convierte en «un hombre humilde» al que Coriolano no puede auxiliar porque en ese momento «apareció Aufidio, y la cólera / venció a mi compasión». Shakespeare depara al héroe la ocasión de tener un gesto de común humanidad, pero, cuando se disponen a liberar al prisionero, Coriolano ha olvidado su nombre. Dice que le falla la memoria y, a renglón seguido, pide vino. Del hombre ya no vuelve a hablarse: los pobres no tienen nombre.

Veamos otro ejemplo. En la historia de Plutarco, Coriolano cumple con la costumbre de mostrar sus heridas al pueblo cuando pide el voto, pero en Shakespeare se niega a hacerlo («... cual si sólo las hubiese recibido / por el pago de sus votos», dice: Coriolano no quiere deber nada a nadie, y de ahí su falsa modestia). Además, se resiste a humillarse ante el pueblo tras haberse enfrentado con él. Una de las explicaciones más verosímiles que se han dado de su actitud (Butler) remite al uso de «gestos y vestiduras de humildad», de tradición medieval y aún vigente en el siglo XVII. Shakespeare y sus contemporáneos estaban acostumbrados a los gestos y hábitos de humildad de sus propios gobernantes, así como a los actos de retractación pública. El caso más notable era la ceremonia de la coronación, en la que el rey se humillaba ante Dios en presencia del pueblo con la vestidura de humildad parcialmente abierta para facilitar la unción sagrada (Jacobo I fue coronado en 1603, unos cinco años antes de que Shakespeare escribiera CORIOLANO). A la luz de estos usos, es fácil entender el efecto buscado por el autor: la actitud de Coriolano negándose a mostrar sus heridas y humillarse ante el pueblo sería inconcebible.

Un último ejemplo. En Plutarco, Coriolano, desterrado, aparece en la casa de su rival y no tiene ningún conflicto con los sirvientes. Se presenta a Aufidio como un pobre suplicante, le expone su caso y concluye su ruego con una nota de resignación. Shakespeare hace que Coriolano golpee y humille a los sirvientes, no le presenta en absoluto como un pobre suplicante y concluye el ofrecimiento a Aufidio con una nota de altivez y desafío:

> Necio serás si no me degüellas: mi odio
> te ha seguido a todas partes, le he sacado
> mares de sangre al pecho de tu patria,
> y mi vida sería tu deshonra
> si no la pusiera a tu servicio.

Como puede verse, la alteración de los datos de la fuente y la disposición irónica de las escenas acentúan uno de los rasgos más notables del protagonista: su previsibilidad. Si se presenta ante el pueblo en hábito de humildad y lo trata con sarcasmo, en la escena mencionada aparece pobremente vestido en actitud desafiante ante los sirvientes y el propio Aufidio. Si en Roma estalla ante el pueblo y los tribunos al ser acusado de traidor, hará lo mismo en Corioles, otra vez «solo contra toda la ciudad», al ser acusado por Aufidio en la escena final.

Podría decirse que Shakespeare crea un personaje cuya *virtus* compensa con creces su soberbia. Es la conclusión a la que parecen llegar los ujieres en II.ii: Coriolano es insufrible, pero sus proezas hacen de él un hombre eminente. No obstante, a juzgar por algunos indicios, Shakespeare da a entender que los defectos del protagonista se extienden a todas sus actividades, incluida la militar. Si leemos con cuidado el hiperbólico elogio que le dedica Cominio, veremos que es un discurso de doble filo. Cominio se propone demostrar las virtudes heroicas de Coriolano y despertar la admiración de sus oyentes por el ilustre soldado, lo que sin duda consigue. Sin embargo, lo admirable de Coriolano va siéndolo cada vez menos conforme vemos que reside en una fuerza destructora que lo deshumaniza: «Bañado de rojo de pies a cabeza, su marcha / venía acompasada con gritos de víctimas /... / ... como el que entra a degüello, corrió, / humeante de sangre, arrollando vidas humanas». Además, en el discurso queda patente la individualidad de Coriolano como guerrero solitario que no aspira a una estrategia coordinada, sino que infunde el mismo espíritu destructor en sus soldados, que, «ante su ejemplo singular, trocaron / la huida en cacería».

En Plutarco, Coriolano entra en Corioles con algunos soldados, no él solo como en Shakespeare. En las escenas bélicas del primer acto hay un contraste evidente entre el valor de Coriolano y la cobardía de los soldados, pero se puede argumentar que hay otro contraste más sutil: la verdadera contrafigura militar del protagonista es Cominio, el general profesional que se retira estratégicamente para mejor lograr su objetivo y que se opone a que Coriolano luche contra el pueblo, no ya por el riesgo de guerra civil, sino porque «ahora desafían la aritmética, / y no es hombría, sino locura, / enfrentarse a un edificio que se hunde». Más guerrero que militar, Coriolano llega a afirmar (otra ironía) que se pasaría al enemigo para estar en guerra contra Aufidio si éste fuese de su bando, y, en pleno combate, cuando sus soldados son rechazados, los amenaza con dejar al enemigo y declararles la guerra. Coriolano, para quien la guerra va por delante del matrimonio, exhibe en el campo de batalla una euforia sexual descaminada al dirigirse a Cominio:

> Ah, deja que te abrace como hacía
> con mi amada; con pecho tan gozoso
> como al fin de mis bodas, entre luces
> mortecinas que llamaban al lecho.

No hay, pues, dos Coriolanos, el ciudadano soberbio e inflexible y el guerrero heroico y admirable: Shakespeare nos hace ver que es siempre el mismo, incluso en el campo de batalla. Carente de sentido estratégico, la guerra es para él un asunto personal más que una empresa conjunta y coordinada; una oportunidad de ganar fama o de acrecentarla en alardes de arrojo incontenible. Condenado a la necesidad de triunfar, quedará atrapado en el círculo vicioso descrito por Aufidio: en el «éxito continuo» la soberbia «no perdona ni al más afortunado».

En Coriolano esta soberbia se manifiesta especialmente en su constante afirmación de sí mismo y en su creciente deseo de autosuficiencia. A punto de invadir Roma, la presencia de su familia le hace decirse:

> No seré tan necio que obedezca los instintos:
> seguiré firme, cual si fuese mi propio creador
> y no conociese parentela.

El extremo a que ha llegado Coriolano es, como he apuntado, consecuencia de su desaforado anhelo de fama.

La fama le hace distinto, distinguido. A la fama va unido el nombre y el protagonista pronto se distingue de los demás con su sobrenombre, su *cognomen*. Pero «Coriolano» no es sólo un factor de distinción, sino una cuestión de identidad: el nuevo nombre refuerza su unicidad, su individualidad. Como él mismo le dice a Aufidio, el nombre es lo único que le queda tras su destierro. Lo rechazará cuando marche contra su patria y tratará de «forjarse un nombre / en la fragua de la Roma incendiada» (y el nuevo nombre tendría que ser «Romano» si recibió el de «Coriolano» por conquistar Corioles). Pero la intervención de su madre le impide crearse esa nueva identidad, y al final Aufidio le niega la única que le queda. Las últimas palabras de Coriolano son, previsiblemente, una reafirmación de sí mismo, un intento de vindicar su identidad y su pasada autosuficiencia.

IV

Si el protagonista es caracterizado tan negativamente, los demás personajes tampoco escapan a la crítica del autor. Shakespeare calcula el efecto de su primera aparición en escena, pero los muestra en toda su crudeza cuando el conflicto potencial se hace real y llega a ser una cuestión de supervivencia. A su vez, las tensiones se complican, por cuanto los conflictos abarcan lo público y lo privado.

La Roma de CORIOLANO es la ciudad de la discordia, y si los males que la aquejan no la llevan a la ruina es porque lo impide la necesidad. A poco de iniciarse la obra se produce un importante cambio político: el pueblo ha conseguido una representación que, por modesta que sea, evitará que todo siga como hasta entonces. Sus representantes, Bruto y Sicinio, son políticos del aquí y ahora, atentos a cualquier coyuntura que los beneficie y más dispuestos a servirse del pueblo que a servirlo (los ciudadanos son presentados con respeto cuando actúan como individuos, pero adversamente cuando obran como masa irracional y voluble y, por tanto, susceptible de manipulación). En Plutarco es el pueblo directamente el que retira su voto a Coriolano. Shakespeare acentúa la demagogia y tortuosidad de los tribunos al hacerlos instigadores y responsables de la revocación: el comienzo de III.iii no deja lugar a dudas sobre sus métodos.

Bruto y Sicinio muestran semejanzas con los personajes maquiavélicos del teatro isabelino (los de Webster, Middleton, Tourneur y otros del propio Shakespeare: en la literatura de la época las palabras *politician*, *politic* y *policy* suelen connotar maquiavelismo). No es casualidad que Shakespeare dramaturgo deje solos a los tribunos al final de varias escenas comentando la situación y revelando sus intenciones. Para ellos Coriolano es una grave amenaza; si se le nombra cónsul, «nuestro cargo / pasará a mejor vida». Al final de II.i queda claro que no se plantean el conflicto como una cuestión de principio (justicia contra injusticia, democracia contra autocracia), sino de mera supervivencia, como una lucha de poder contra poder. Elegidos a raíz de una revuelta contra el poder establecido, los tribunos no tardan en instalarse en él y acusan a Coriolano (otra ironía) de «subversivo y enemigo de la república» y de intentar «privar / a Roma de instituciones consagradas». Al principio de IV.vi todo parece indicar que son ellos los que mandan.

El conflicto de Coriolano con el pueblo y los tribunos es manifiesto desde el principio. El conflicto con los de su clase y con su propia familia se revela gradualmente, pero al final las consecuencias serán fatales. En la primera escena, tanto la actitud de Coriolano con el pueblo como su trato con los patricios nos lo presenta como un miembro privilegiado de la clase dominante: con el pueblo se permite un desprecio al que no llega ningún patricio, y en presencia de los nobles y senadores hace gala de una sospechosa desenvoltura. El «mayor enemigo del pueblo es el campeón de la nobleza romana, que no sólo lo admira, sino que lo utiliza como si fuese de su propiedad. Son los patricios y senadores quienes lo hacen cónsul y le imponen un trámite electoral contra su propia voluntad (a diferencia de lo que ocurre en Plutarco) sin importarles lo que él pueda opinar o sentir, ya que, como ellos saben, Coriolano es el único que no se mueve en el terreno *político* del disimulo (el Coriolano de Plutarco sí que lo hace). Cuando él insista en ser un fin en sí mismo y se niegue a seguir siendo su medio, se convertirá en un héroe inútil e incómodo y se verá abandonado. Se puede explicar este conflicto como una división entre el individuo y el Estado o como un choque trágico entre su visión idealizada de Roma y la realidad de su patria. Pero, ¿lo siente así el lector o el público? ¿Hasta qué punto es convincente ese ideal? ¿No hay una vacuidad retórica en su insistente autoafirmación? La actitud recalcitrante de Coriolano en la escena central es más de lo que esperaban los tribunos, lo cual es una manera de decir que es innecesaria. El protagonista la pagará con el destierro y la soledad. Sin embargo, no podemos menos de preguntarnos: ¿Es digna la nobleza de Roma de la caída de su héroe por discutible que sea su ideal?

La pregunta hay que aplicarla a los personajes más próximos a Coriolano para entender la complejidad de los conflictos y el alcance de la tragedia. Menenio, que se ve a sí mismo como una especie de figura paterna, es una sutil creación de Shakespeare: creación porque sólo debe a Plutarco una breve referencia; sutil porque su conducta revela detalles significativos que sirven de comentario a la situación de Roma y a su relación personal con Coriolano. Es fácil dejarse llevar por su gracejo y su *urbanitas*, pero también hay que ver su capacidad para la intriga, sus lisonjas, su oportunismo. Que Menenio, el «amigo del pueblo», intente resolver el conflicto con que empieza la obra utilizando falazmente la fábula del estómago es otra de las muchas ironías de Shakespeare. La metáfora del cuerpo político es tan trillada como inoperante en la Roma de CORIOLANO, y Menenio llega al extremo de argumentar que el estómago (que representa a los senadores) es el almacén que distribuye comida a todos los miembros corporales, cuando los hambrientos ciudadanos se quejan precisamente de que es el Senado quien se niega a repartir la comida que almacena. Lejos de ofrecer una visión orgánica y racional del Estado, Menenio se vale del apólogo para confundir al pueblo y emprender una maniobra dilatoria (los ciudadanos le reprochan que tarda mucho en contarlo).

La vieja fábula, que algunos toman en serio e interpretan como la clave de una supuesta visión antidemocrática la obra, es en realidad un recurso irónico del autor para señalar las contradicciones del mundo dramático de CORIOLANO y al mismo tiempo un modo de caracterizar a Menenio: los discursos en favor del orden establecido, por lo demás nada originales, los pone

Shakespeare en boca de *políticos* (por ejemplo, Ulises en *Troilo y Crésida*), que los usan como una cortina de humo en su intento de sacar partido de alguna situación.

La primera impresión del carácter de Menenio se va confirmando a medida que avanzamos en la lectura. En II.i, Menenio se ríe de los tribunos, pero en la crisis central los trata con halagos. Al principio de IV.vi se muestra muy comedido, pero a medida que van llegando noticias sobre Coriolano, se crece y ataca a los tribunos. Tiene razón Muir al defender a éstos a pesar de sus defectos, ya que, al menos en esta fase del drama, y especialmente en V.i, los tribunos demuestran mayor dignidad ante la desgracia que la nobleza romana representada por Menenio y el propio Cominio, más preocupados por su seguridad personal que por la de Roma. Persuadido a pedirle clemencia a Coriolano, Menenio, que se presenta como padre del héroe, degrada su misión con su histrionismo. Las palabras que dirige a Coriolano dan la impresión de un texto calculado y ensayado previamente. Parece como si Menenio fuese un actor que deja de hablar con un compañero y se pone a declamar. El efecto de la escena es a la vez patético y grotesco. Al final de ella Menenio insinúa el suicidio, pero no llega a ese extremo. Seguro de que nada detendrá a Coriolano, se verá en ridículo cuando se le informe de lo contrario. Menenio, que parece encarnar la prudencia política, que asume un papel paternal con Coriolano, a quien intenta dirigir y siempre procura sosegar, es de hecho la antítesis civil del protagonista, como lo son los tribunos, y un personaje tan tortuoso como ellos.

V

En esta galería de *políticos* que rodean al impolítico Coriolano es Volumnia quien produce el efecto más perturbador. En drama tan poco sentimental como éste es preciso no caer en errores sentimentales: Volumnia es una madre distinta. El personaje de Shakespeare varía significativamente de la Volumnia de Plutarco, que es mucho más femenina y afectiva. Quizá la variación se deba a las breves referencias iniciales que hace el historiador a la influencia de la madre sobre el hijo. O tal vez Shakespeare, en su lectura de Plutarco, rechazase el dilema fundamental que la madre plantea a su hijo en la súplica, ya que, por sincero que sea, supone un chantaje afectivo. También es posible que fuera Tito Livio y no Plutarco el primero que informase a Shakespeare de la madre de Coriolano. En este caso el dramaturgo ya se habría hecho una idea de ella antes de volver a encontrarla en Plutarco. Cuenta Tito Livio que Volumnia (llamada Veturia en su historia) se niega a abrazar a su hijo cuando éste corre a su encuentro y le reprende ásperamente por querer invadir su propia patria. Más que un ruego, le dirige una acusación, ante la cual sucumbe Coriolano. Comoquiera que sea, Shakespeare da a Volumnia un relieve que no tiene en Plutarco. Sus intervenciones en I.iii y III.iii (y, por supuesto, en la escena de la súplica) son decisivas. En estas escenas domésticas queda patente que no es Coriolano quien manda en su casa.

En la primera, Volumnia refiere a su nuera la iniciación militar de su hijo en su tierna edad, en quien ha inculcado un afán desmesurado de gloria al precio que sea. No importa que el precio sea la muerte: le quedará su renombre como hijo. Volumnia recuerda a las madres espartanas que, reunidas, se complacían en contarse la muerte valerosa de sus hijos. Su contrafigura, Virgilia, está preocupada por la suerte de Coriolano y alarmada ante la mención de la sangre. Pero Shakespeare pone en boca de Volumnia lo que tal vez sea la inversión más desnaturalizada de una madre:

> Con Héctor a sus pechos,
> Hécuba jamás estuvo más hermosa
> que la frente de su hijo al escupir
> sangre desdeñosa al hierro griego.

La escena no deja lugar a dudas sobre la influencia de Volumnia en la formación (o, más bien, deformación) de Coriolano, a quien, como dirá más tarde, todavía sigue viendo como su muchacho. Sin embargo, la armonía entre el hijo y la madre es más aparente que real. Al final de la campaña en la que gana su sobrenombre, Coriolano dice que su madre lo aflige al ensalzarlo. Cuando el héroe va a hacer su entrada triunfal en Roma, Volumnia no oculta la influencia que ejerce sobre él ni su intención de empujarlo al consulado. La madre resulta ser la primera promotora de una candidatura secundada con firmeza por Menenio y la nobleza en general, en la que se prescinde de la voluntad del supuesto candidato. Además, en el diálogo entre Volumnia y Menenio que precede a la citada entrada triunfal, Shakespeare revela crudamente una de las claves de la tragedia de Coriolano: el grotesco recuento de sus heridas, consideradas como baza electoral, nos muestra al protagonista como una inversión a largo plazo propiciada por su propia madre, que posee el cuerpo, el alma y el destino de su hijo.

El encuentro Volumnia-Coriolano en III.ii, a continuación del choque con el pueblo, confirma el alcance de la posesión. El conflicto entre ambos radica en la diferencia de sus aspiraciones: para Coriolano, lo primero es el honor, la gloria; para Volumnia, el poder. A partir de esta divergencia, Coriolano aún tendrá que oír de labios de su propia madre afirmaciones que contradicen irónicamente los principios que ella le fue inculcando desde su niñez. Que el disimulo y el engaño es compatible con el honor y la nobleza del soldado es, dejando aparte su falacia, una idea que Volumnia no puede proponer a su hijo sin riesgo de causarle un mal irreparable. Pero ella no demuestra ser consciente de lo que está haciendo. Su insensibilidad llega al extremo de darle instrucciones concretas a su hijo sobre los gestos y ademanes precisos para humillarse y «actuar» eficazmente ante el pueblo.

En efecto, ahora se trata de imponerle el papel de *político* que él siempre despreció. Es una escena bastante más violenta de lo que parece y de lo que dan a entender algunos actores. Por poco convincentes que nos parezcan los ideales de Coriolano, no podemos evitar la sensación de que se le está sometiendo a presiones excesivas. Advertimos su vulnerabilidad cuando Volumnia se apropia la *virtus* de su hijo y lo deja con su vicio: «Mío es tu valor: de mí lo mamaste; / ahora quédate con tu soberbia». El gran héroe tiene que ceder penosamente como un niño enmadrado. El mutis de Volumnia («Haz lo que te plazca») es un sarcasmo, pues Coriolano está haciendo la voluntad de su madre, no la suya propia. Es en esta escena, que no tiene antecedente en Plutarco, donde se evidencia el carácter trágico de la relación madre-hijo: dominado por Volumnia, Coriolano ha tenido que ganarse su cariño con hechos de armas desde su infancia en un proceso que ha mutilado su sociabilidad y su misma humanidad. Ahora, si se lo quiere seguir ganando, debe traicionar sus convicciones más íntimas, a las que le ha llevado su madre.

La escena no es sólo decisiva por lo que revela de los procesos anteriores, sino porque prefigura el encuentro final entre madre e hijo. Es irónico que Coriolano, que se niega a representar papeles, que fracasa en el que le ha impuesto su madre, en su etapa de mayor aislamiento se imponga a sí mismo un papel de semidiós inflexible y autosuficiente que no podrá representar. Cuando al comienzo de V.iii comenta con Aufidio su rechazo de Menenio, Coriolano deja entrever las tensiones internas a las que está sometido. Cuando aparece el cortejo de mujeres y su esposa se dirige a él, no tiene más remedio que arrojar la máscara. Shakespeare presenta la capitulación de Coriolano con más dilación que Plutarco, destacando la tensión dramática y el conflicto de voluntades entre madre e hijo: antes de iniciar su petición, Volumnia ya ha intentado ganarse la voluntad de Coriolano y ha dado a entender que no va a ceder en la contienda. Al final de ella, Coriolano está más vencido que convencido, y si ha salvado a Roma lo ha hecho por salvar a su madre y a los suyos.

Shakespeare sigue su fuente en la primera parte de la súplica, pero presenta una Volumnia mucho más áspera que en Plutarco y acentúa el dilema fundamental: tu derrota será nuestra desgracia; tu victoria, tu deshonra. Volumnia tiene que intentar un segundo asalto con una solución al dilema supuestamente honrosa para ambas partes, pero de consecuencias desastrosas para su hijo. Shakespeare introduce añadidos decisivos que van convirtiendo la súplica en acusación e incluso en una humillación deshonrosa. Las últimas palabras entrañan una abdicación de su maternidad, una imputación de adulterio y falsa paternidad y una probable amenaza de maldición.

La súplica de Volumnia trae consigo la caída de su hijo y consuma la ironía trágica a que estaba sometido Coriolano, pues ella condena una decisión sin duda monstruosa, pero a la cual ha llevado su no menos monstruosa influencia sobre su hijo. El desenlace es también irónico por dos razones. Coriolano cede a su madre porque no puede romper con unos sentimientos naturales y humanos que ella invoca, pero que no ha inculcado en él y de los que en realidad carece. Volumnia, que, como hemos visto, le dio a su hijo una lección de gestos y actos políticos de humildad para que se congraciase con el pueblo, invierte ahora los papeles y se impone a Coriolano valiéndose de los mismos métodos retóricos que su hijo desdeñaba. La súplica, con los silencios, los gestos y las humillaciones, es una pieza retórica tan eficaz y efectista como el discurso de Marco Antonio en *Julio César*, pero tanto más inquietante cuanto que depara a la oradora el triunfo sobre su propio hijo. La posterior entrada triunfal de Volumnia en Roma es una confirmación de su victoria.

VI

La muerte de Coriolano se ha juzgado a veces como un mero epílogo a un drama concluido. Sin embargo, la última escena es más compleja de lo que pudiera parecer. El guerrero impolítico hace ahora consideraciones materiales y se expresa en unos términos que parecen calculados y ensayados. Su estallido de cólera, previsto y provocado por Aufidio, le devuelve a su verdadero ser. Aufidio, que nos ha preparado desde el comienzo para una maniobra innoble, sólo tiene que hurgar en la herida del protagonista sabiendo que logrará el efecto buscado, pues, aunque lo encubra su lenguaje y su actitud, el fondo de sus acusaciones es real. Tratando de rebatir la imputación de inmadurez y dependencia («¡Crío!»), Coriolano se embarca en una bravata suicida que, irónicamente, confirma la acusación.

Al destacar el mayor vicio del protagonista en sus últimas reacciones, Shakespeare puede ahora mostrar otros. La maniobra de Aufidio provoca la repulsa de los senadores volscos, ante la cual Aufidio intenta justificarse esgrimiendo razones de Estado. La posterior reacción de los senadores, uno pidiendo que se honre el cadáver y otro exculpando políticamente a Aufidio en razón del arrebato de Coriolano («Habrá que aprovecharlo»), le da pie a Aufidio para improvisar otra maniobra aún más hábil: el arrepentimiento fingido por la muerte de su rival. Las honras fúnebres y el «noble monumento» en que reposará la amenaza vencida le permiten aparentar una generosidad que puede reportar ulteriores beneficios.

Shakespeare no ha ahorrado esfuerzos para recalcar los defectos del protagonista, especialmente su soberbia, su contumacia, su inmadurez y tal vez la vacuidad de su autoafirmación. Por otra parte, el regreso triunfal de Volumnia sobre la ruina de su hijo y el partido que Aufidio saca de su propia vileza cierran el círculo insidioso que ha venido rodeando a Coriolano. No obstante, en este vaivén entre dos sinrazones sólo una de ellas es vulnerable; la otra no sólo permanece incólume, sino que se beneficia de la desaparición de la primera. En *Hamlet*, en *El rey Lear*, el mundo que sobrevive al protagonista es simplemente mediocre; en CORIOLANO es tan amoral que, venciendo nuestra resistencia, nos puede inclinar del lado de la víctima.

ÁNGEL-LUIS PUJANTE

BIBLIOGRAFÍA SELECTA

EDICIONES

Ed. J. D. WILSON (The New Shakespeare), Cambridge, 1960.

Ed. R. BROWER (The Signet Classic Shakespeare), New York, 1966.

Eds. S. WELLS & G. TAYLOR, *The Complete Works* (The Oxford Shakespeare), Oxford, 1986.

Eds. J. BATE & E. RASMUSSEN, *Complete Works* (RSC Shakespeare), Houndsmills, Basingstoke, 2007.

Ed. R. B. PARKER (Oxford World's Classics), Oxford, 2008.

Ed. L. BLISS (New Cambridge Shakespeare), Cambridge, 2010.

Eds. R. PROUDFOOT, A. THOMPSON & D. S. KASTAN, *Complete Works* (The Arden Shakespeare), London, 2011.

Ed. P. HOLLAND (The Arden Shakespeare), London, 2013.

Ed. G. R. HIBBARD (Penguin Classics), London, 2015.

AUDEN, W. H.: *Lectures on Shakespeare* (ed. A. Kirsch), Princeton & London, 2000 (Ed. española: *Trabajos de amor dispersos. Conferencias sobre Shakespeare*. Trad. G. G. Djembé. Barcelona, 2003).

BLOOM, H.: *Shakespeare: The Invention of the Human*, New York, 1998 (Ed. española: *Shakespeare. La invención de lo humano*. Trad. T. Segovia. Barcelona, 2002).

BROCKMAN, B. A. (ed.): *Shakespeare: Coriolanus*, London, 1977.

BROWER, R.: *Hero and Saint*, Oxford, 1971.

BROWNING, R.: «*Coriolanus*: Boy of Tears», *Essays in Criticism*, 5, 1955, págs. 18-31.

BULLOUGH, G. (ed.): *Narrative and Dramatic Sources of Shakespeare: Vol. Five. The Roman Plays*, London, 1964.

CAMPBELL, O. J.: «Coriolanus», en L. Dean (ed.), *Shakespeare: Modern Essays in Criticism*, New York, 1967.

CANTOR, P. A.: *Shakespeare's Rome. Republic and Empire*, Ithaca & London, 1976.

CHARNEY, M.: *Shakespeare's Roman Plays: The Function of Imagery in the Drama*, Cambridge, Mass., 1961.

EAGLETON, T.: *Shakespeare and Society*, London, 1967.

ENRIGHT, D. J.: «*Coriolanus*: Tragedy or Debate?», *Essays in Criticism*, 4, 1954, págs. 1-19.

GEORGE, D.: «Plutarch, Insurrection, and Dearth in *Coriolanus*», *Shakespeare Survey*, 53, 2000, págs. 60-72.

GORDON, D. J.: «Name and Fame: Shakespeare's *Co-*

riolanus», en I. Duthie, *Papers Mainly Shakespearean*, Edinburgh & London, 1964.

GURR, A.: «*Coriolanus* and the Body Politic», *Shakespeare Survey*, 28, 1975, págs. 63-69.

HALE, D. G.: «*Coriolanus*: The Death of a Political Metaphor», *Shakespeare Quarterly*, 22, 1971, págs. 197-202.

HARDING, D. W.: «Women's Fantasy of Manhood: A Shakespearean Theme», *Shakespeare Quarterly*, 20, 1969, págs. 245-253.

HEUER, H.: «From Plutarch to Shakespeare: A Study of *Coriolanus*», *Shakespeare Survey*, 10, 1957, págs. 50-59.

HONIGMAN, E. A. J.: *Shakespeare. Seven Tragedies*, London, 1976.

HUTCHINGS, W.: «Beast or God: The *Coriolanus* Controversy», en C. B. Cox and D. J. Palmer (eds.), *Shakespeare's Wide and Universal Stage*, Manchester, 1984.

JAGENDORF, Z.: «*Coriolanus*: Body Politic and Private Parts», *Shakespeare Quarterly*, 41, 4, 1990, págs. 455-469.

LEGGATT, A.: *Shakespeare's Political Drama*, London & New York, 1988.

MARIENSTRAS, R.: «La dégradation des vertues héroïques dans *Othello* et dans *Coriolan*», *Études anglaises*, XVII, 1964, págs. 372-389.

MIOLA, R. S.: *Shakespeare's Rome*, Cambridge, 1983.

MUIR, K.: «In Defence of the Tribunes», *Essays in Criticism*, 4, 1954, págs. 331-333.

MULRYNE, J. R.: «*Coriolanus* at Stratford-upon-Avon: Three Actors' Remarks», *Shakespeare Quarterly*, 29, 1978, págs. 323-332.

ORMSBY, R.: «*Coriolanus*, antitheatricalism and audience response», *Shakespeare Bulletin*, 26, 2008, págs. 43-62.

POOLE, A.: *Coriolanus*, New York & London, 1988.

PUJANTE, Á.-L.: «'No Sense nor Feeling': A Note on *Coriolanus*, 4.1», *Shakespeare Quarterly*, 41, 4, 1990, págs. 489-490.

PUTNEY, R.: «Coriolanus and his Mother», *Psychoanalytic Quarterly*, 31, 1962, págs. 364-381.

ROSSITER, A. P.: *Angel with Horns*, London, 1961.

TANNER, T.: *Prefaces to Shakespeare*, Cambridge, Mass., & London, 2010.

TRAVERSI, D.: *Shakespeare: The Roman Plays*, London, 1963.

VICKERS, B.: *Shakespeare: Coriolanus*, London, 1976.

WALKER, J.: «Voiceless Bodies and Bodiless Voices: The Drama of Human Perception in *Coriolanus*», *Shakespeare Quarterly*, 43, 2, 1992, págs. 170-185.

NOTA PRELIMINAR

El texto inglés de CORIOLANO se publicó por primera vez en el infolio de las obras de Shakespeare (1623) con el título de *The Tragedy of Coriolanus*. La presente traducción se basa principalmente en el texto del infolio, pero acepta lecturas y enmiendas de ediciones posteriores (véanse las ediciones empleadas en la Bibliografía selecta). Las pocas acotaciones escénicas que añado, puestas entre corchetes, son de uso común en las ediciones originales modernas (que incorporan bastantes más) y suelen estar avaladas por el contexto o la tradición teatral. El punto y raya que a veces aparece en el diálogo intenta aclarar, sin necesidad de más acotaciones, lo que generalmente es un cambio de interlocutor. Al igual que en el texto del infolio, se omite la localización, y, aunque no se prescinde de la moderna división escénica, tampoco se la destaca tipográficamente ni se dejan grandes huecos entre escenas. En efecto, el espacio escénico del teatro isabelino era abierto y carecía de la escenografía realista de épocas posteriores. El lugar de la acción venía indicado o sugerido por el texto y el actor, y la obra, al parecer, se representaba sin interrupción.

Mi traducción de CORIOLANO fue publicada en 1986 por la Universidad de Murcia y en 1990 en la colección Austral. Su reedición en 2007 en la nueva presentación de Austral me ofreció la oportunidad de revisar tanto la versión como la introducción y las notas.

Al igual que mis demás traducciones de Shakespeare para la colección Austral, la presente aspira a ser fiel a la naturaleza dramática de la obra, a la lengua de Shakespeare y al idioma del lector[1]. He tenido por meta un texto dramático equivalente que reproduzca tanto las virtualidades escénicas como la oralidad, ritmo y concisión del original. He tratado de sugerir la diferencia de medio expresivo (prosa, verso y rimas ocasionales), así como el tono peculiar y los contrastes estilísticos de la obra. En cuanto al verso, he empleado el verso libre por parecerme el medio más idóneo para reproducir el verso suelto no rimado del original, ya que permite trasladar el sentido sin desatender los recursos estilísticos ni prescindir de la andadura rítmica.

No tome el lector el párrafo anterior más que como una mera declaración de intenciones. El traductor de Shakespeare debe ser consciente de la excelencia del modelo y no engañarse creyendo que ha sabido reproducirla.

No puede faltar mi agradecimiento a los que de un

---

[1] El tema de este párrafo lo he tratado por extenso en mi trabajo «Traducir el teatro isabelino, especialmente Shakespeare», en *Cuadernos de Teatro Clásico*, n.º 4, Madrid, 1989, págs. 133-157, y más sucintamente, en «Traducir Shakespeare: mis tres fidelidades», en *Vasos comunicantes*, Madrid, otoño de 1995, págs. 11-21.

modo u otro me ayudaron en esta edición: Veronica Maher, Eloy Sánchez Rosillo, Pedro García Montalvo y Mariano de Paco. A todos ellos, mi gratitud más sincera.

Á.-L. P.

CORIOLANO

DRAMATIS PERSONAE

Romanos

CAYO MARCIO, llamado después Cayo Marcio Coriolano
TITO LARCIO, COMINIO — generales
MENENIO AGRIPA, patricio
SICINIO VELUTO, JUNIO BRUTO — tribunos
VOLUMNIA, madre de Coriolano
VIRGILIA, esposa de Coriolano
VALERIA, amiga de Virgilia
El pequeño MARCIO, hijo de Coriolano
NICANOR, espía de los volscos
Un HERALDO
Ediles, mensajeros, senadores, nobles y patricios, ciudadanos, lictores, ujieres, soldados, acompañamiento, etc.

Volscos

TULO AUFIDIO, general
LUGARTENIENTE de Aufidio
ADRIANO, espía
Dos CENTINELAS
CONSPIRADORES
SIRVIENTES
SENADORES y SEÑORES de Corioles
EL PUEBLO de Corioles
Un CIUDADANO de Ancio
Soldados, acompañamiento, etc.

LA TRAGEDIA DE CORIOLANO

I.i *Entra un grupo de* CIUDADANOS *amotinados con palos, mazas y otras armas.*

CIUDADANO 1.º
Antes de seguir adelante, escuchadme.

TODOS
Habla, habla.

CIUDADANO 1.º
¿Estáis decididos a morir antes que pasar hambre?

TODOS
Estamos decididos.

CIUDADANO 1.º
Sabéis que Cayo Marcio es el mayor enemigo del pueblo.

TODOS
Sí, lo sabemos.

CIUDADANO 1.º
Pues matémosle, y tendremos trigo a nuestro precio. ¿Todos de acuerdo?

TODOS

No se hable más, y a hacerlo. ¡Vamos, vamos!

CIUDADANO 2.º

Un momento, buenos ciudadanos.

CIUDADANO 1.º

Los buenos ciudadanos son los patricios; nosotros, los desgraciados. Ya nos aliviaría lo que sacia a los ricos. Con que nos dieran lo que les sobra antes que se eche a perder, pensaríamos que nos tratan con humanidad. Pero ellos nos tienen en muy alta estima: el hambre que nos consume, el espectáculo de nuestra miseria es el espejo que refleja su abundancia; nuestro mal les beneficia. Venguémonos con nuestros palos antes de quedar como sarmientos. Saben los dioses que todo esto lo digo por hambre de pan, no por sed de venganza.

CIUDADANO 2.º

¿Y vais precisamente contra Marcio?

TODOS

Contra Marcio, el primero. Es un verdadero lobo para el pueblo.

CIUDADANO 2.º

¿Habéis tenido en cuenta los servicios que ha prestado a la patria?

CIUDADANO 1.º

Sí, y yo se los elogiaría de buena gana si no fuera porque él se paga a sí mismo con su soberbia.

CIUDADANO 2.º

Anda, no seas malicioso.

CIUDADANO 1.º

Yo te digo que la fama que tiene la buscó a propósito. Las almas cándidas se darán por satisfechas pensando que lo hizo por la patria, pero no: lo hizo por complacer a su madre y por soberbia, que la tiene, y en tan alto grado como su arrojo.

CIUDADANO 2.º

Tú tienes por delito un carácter que él no puede remediar. No dirás que es codicioso.

CIUDADANO 1.º

Aunque no pueda decirlo, tampoco voy a quedarme sin acusaciones. Tiene defectos a miles, como para hartarse de contarlos.

Griterío dentro.

¿Qué gritos son ésos? ¡Se ha sublevado la otra parte de la ciudad!

¿Por qué nos quedamos aquí de parloteo? ¡Al Capitolio!

TODOS

Vamos, vamos.

CIUDADANO 1.º

¡Alto! ¿Quién viene ahí?

Entra MENENIO *Agripa.*

CIUDADANO 2.º

El noble Menenio Agripa, que siempre fue amigo del pueblo.

CIUDADANO 1.º

Es un hombre honrado. ¡Ojalá lo fueran los demás!

MENENIO

¿Qué lleváis entre manos, compatriotas?
¿Dónde vais con palos y garrotes? ¿Qué sucede?[1]

[1] Según Tito Livio y Plutarco, el pueblo abandonó la ciudad y acampó en el Mons Sacer (el hecho ocurrió hacia 494 a. C.). Menenio fue enviado a pacificarlos.

CIUDADANO 1.º

Nuestro asunto ya lo conoce el Senado. Lo que íbamos a hacer lo han venido sospechando estas dos semanas, y ahora se lo vamos a demostrar con hechos. Dicen ellos que cuanto más pobres, más humos. Ahora van a ver también las llamas.

MENENIO

Pero, mis buenos amigos y honrados vecinos,
¿buscáis vuestra perdición?

CIUDADANO 1.º

Imposible, señor. Ya estamos perdidos.

MENENIO

Os aseguro, amigos, que los patricios
se desviven por vosotros. Respecto a la penuria
y escasez que padecéis, igual dará
pegarle al cielo con las mazas que empuñarlas
contra el Estado romano, que irá adelante
rompiendo diez mil cadenas de más grueso
eslabón que todo vuestro estorbo. La escasez
la mandan los dioses, no los patricios,
y el remedio es la rodilla, no los brazos. ¡Ay!
La desgracia os arrastra a desgracias mayores;
difamáis a los pilotos de la nave del Estado,
a quienes maldecís como a enemigos,
cuando velan por vosotros como padres.

CIUDADANO 1.º

¿Que velan por nosotros? ¡Ya lo creo! ¡Jamás lo han hecho! Dejan que pasemos hambre, y sus graneros repletos de trigo; legislan en favor de la usura para proteger al usurero; revocan cada día cualquier ley sensata dispuesta contra el rico, y promulgan cada día decretos más severos para sujetar y subyugar al pobre. Si no nos devoran las guerras, lo harán ellos. Así es como velan por nosotros.

MENENIO

O pecáis de extremada maldad
o habrá que acusaros de simpleza.
Os voy a contar un cuento muy propio;
quizá lo sepáis, pero, como hace al caso,
me voy a permitir manosearlo un poco más.

CIUDADANO 1.º

Muy bien, señor, lo oiré. Aunque no creas que vas a escamotear nuestra miseria con un cuento. Pero, ya que lo deseas, cuéntalo.

MENENIO

Una vez todas las partes del cuerpo
se enfrentaron al estómago, y le acusaron
de que, inerte y perezoso, en medio del cuerpo
sorbía comida como una vorágine
sin pasar las fatigas de las otras, que tenían
que ver, oír, pensar, mandar, andar, sentir,
y, en esfuerzo conjunto, proveían
al deseo y apetito general
de todo el cuerpo. Y respondió el estómago...

CIUDADANO 1.º

Vamos, señor. ¿Qué respuesta dio el estómago?

MENENIO

Voy a decírtela. Con una especie de risita
que no salió de los pulmones, sino así
(que, mira, al estómago le hago reír,
no sólo hablar), replicó burlonamente
a las partes disgustadas,
a los rebeldes que envidiaban su provecho,
como vosotros denigráis a los senadores
por no ser como vosotros...

CIUDADANO 1.º

¿Y la respuesta del estómago, eh?
Su majestad la cabeza, el ojo centinela,
el corazón consejero, el brazo guerrero;
la pierna, el corcel; la lengua, el clarín;
y demás pertrechos y defensas menores
de este edificio nuestro; si...

MENENIO

A ver. ¡Vaya, qué bien habla éste!
A ver, a ver.

CIUDADANO 1.º

Si a todos dominase el estómago insaciable,
que es la cloaca del cuerpo...

MENENIO

¿Qué pasaría?

CIUDADANO 1.º

Si protestasen dichos órganos,
¿qué respondería el estómago?

MENENIO

Voy a decírtelo. Si me concedes
una pizca de paciencia (que tienes muy poca),
te diré la respuesta del estómago.

CIUDADANO 1.º

Mucho tardas en decirla.

MENENIO

Fíjate, amigo mío. El estómago,
que era cauto y ponderado, no vehemente
como sus acusadores, contestó:
«Amigos corporales», les dijo. «Es verdad
que soy el primero en recibir el sustento
general que os alimenta, y es justo, porque soy
el taller y almacén de todo el cuerpo.
Sin embargo, recordad que lo mando

por los ríos de la sangre al corazón,
nuestra corte, y al trono del cerebro;
y, pasando recovecos y recámaras,
las fibras más fuertes y las venas más finas
reciben cuanto necesitan para vivir[2].
Y aunque juntos no veáis, amigos míos...».
Fijaos en lo que dice el estómago.

CIUDADANO 1.º
Sí, señor. Perfectamente.

MENENIO
«Aunque juntos no veáis lo que entrego
a cada uno, si hacemos balance veréis
que todos os lleváis la flor de la harina
y a mí me dejáis el salvado». ¿Qué decís?

CIUDADANO 1.º
Que fue su respuesta. ¿Cómo se aplica?

MENENIO
Los senadores son el buen estómago
y vosotros los órganos rebeldes. Considerad
sus previsiones y desvelos, entended
lo que afecta al bien común y veréis
que todo beneficio que vosotros recibís
procede siempre de ellos, nunca de vosotros.
A ver, ¿qué opinas tú, que eres aquí
el dedo gordo del pie?

CIUDADANO 1.º
¿Yo el dedo gordo del pie? ¿Por qué?

---

[2] Hasta que William Harvey descubrió la circulación de la sangre meses antes de morir Shakespeare (1616), se creía que la comida digerida se convertía en sangre que, recorriendo las venas, llegaba a todas las partes del cuerpo.

MENENIO

Porque, siendo de los más bajos, pobres
y humildes de tan sabia rebelión,
corres por delante y, perro de pésima casta,
vas en cabeza por sacar provecho.
Pero aprestad los palos y las mazas:
Roma y sus ratas están al borde de la guerra,
y uno u otro bando va a sufrir.

Entra Cayo MARCIO.

¡Salud, noble Marcio!

MARCIO

Gracias.— ¿Qué pasa, chusma indócil
que os rascáis la pobre sarna de vuestra opinión
y os hacéis piltrafas?

CIUDADANO 1.º

Siempre vienes alabando.

MARCIO

Quien te alabe será un repugnante adulador.
¿Qué queréis, so perros, que no os gusta
la guerra ni la paz? La una os espanta,
la otra os embravece. Quien se fíe de vosotros
verá que sois liebres, no leones;
gallinas, y no zorros. No sois más seguros
que el ascua sobre el hielo o el granizo
bajo el sol. Lo vuestro es ensalzar
al infractor envilecido y maldecir
a la justicia que le humilla. Quien merece
la grandeza merece vuestro encono,
y vuestro impulso es el móvil del enfermo,
que quiere más lo que le daña. Quien dependa
de vuestro favor nadará con aletas de plomo

y talará robles con juncos. ¡Que os cuelguen!
[¡Fiarse!
¡Si a cada paso cambiáis de parecer,
exaltando a quien era vuestro odio,
execrando a quien era vuestro dios! ¿Qué pasa,
que gritáis por toda la ciudad contra el Senado,
el único, por debajo de los dioses,
que impide que os comáis unos a otros? —
[¿Qué quieren?

MENENIO

Trigo a su precio. Dicen
que la ciudad está bien abastecida.

MARCIO

¡Que los cuelguen! ¡Dicen! Sentados junto al fuego,
pretenden saber lo que se hace en el Capitolio:
quién va a subir, quién medra, quién cae.
Forman grupos, anuncian supuestas coaliciones,
agrandan sus bandos, y el que no es de su gusto
queda a ras de sus chanclas remendadas.
¿Conque dicen que hay bastante grano?
Si los nobles dejaran de apiadarse, con mi espada
trocearía a mil esclavos como éstos
y con toda la carnaza haría una torre
tan alta como el vuelo de mi lanza.

MENENIO

Deja, que ya están casi aplacados;
pues, si les falta juicio en cantidad,
encima les sobra cobardía.
Pero, ¿qué dice la otra turba?

MARCIO

Ya están disueltos. ¡Que los cuelguen! Dijeron
que estaban hambrientos, exhalando refranes:
que el hambre derriba murallas, que los perros

también comen, que el pan es para la boca;
[que no sólo
para ricos mandan el trigo los dioses...
Con estos retazos descargaron sus quejas
y, atendida que fue su petición
(pasmosa petición, capaz de herir
de muerte a la nobleza y sonrojar al poderoso),
lanzaron sus gorros al aire, cual si fueran
a colgarlos en los cuernos de la luna,
coreando su rencor.

MENENIO
¿Qué les han concedido?

MARCIO
Cinco tribunos, todos de libre elección,
para defender a sus plebeyas Señorías.
Son Junio Bruto, Sicinio Veluto y, ¡qué sé yo!
¡Voto a...! La chusma habría destejado la ciudad
antes que imponérmelo. Con el tiempo
ganarán más poder y tendrán más argumentos
para justificar la sedición.

MENENIO
Sorprendente.

MARCIO
¡Vamos, a casa, pingajos!

Entra un MENSAJERO *a toda prisa.*

MENSAJERO
¿Dónde está Cayo Marcio?

MARCIO
Aquí. ¿Qué pasa?

MENSAJERO
Señor, los volscos han tomado las armas.

MARCIO

¡Mejor! Nos libraremos de las sobras
enmohecidas. Mirad, nuestros senadores.

Entran COMINIO *y Tito* LARCIO *con otros senadores;* SICINIO *Veluto y Junio* BRUTO.

SENADOR 1.º

Marcio, lo que nos decías se ha cumplido:
los volscos han tomado las armas.

MARCIO

Tienen un caudillo, Tulo Aufidio,
que os va a poner a prueba. Confieso que envidio
su nobleza, y, si no fuera el que soy,
sólo por él me cambiaría.

COMINIO

Tú has luchado contra él.

MARCIO

Si el mundo se engrescase mitad contra mitad
y él fuese de mi bando, me pasaría al enemigo
para estar en guerra contra él.
Es un león que me complace cazar.

SENADOR 1.º

Entonces, noble Marcio,
combate bajo el mando de Cominio.

COMINIO

Fue tu promesa.

MARCIO

Y la mantengo, señor.—
Tito Larcio, me vas a ver una vez más
pegarle en la cara a Tulo Aufidio.
¡Cómo! ¿Te resistes? ¿No estás con nosotros?

LARCIO

No, Cayo Marcio. Antes que inhibirme
en esta acción, me apoyaré en una muleta
y pelearé con la otra.

MENENIO

¡Así habla un bien nacido!

SENADOR 1.º

Acompañadme al Capitolio[3];
nos esperan nuestros mejores amigos.

LARCIO

[*a* COMINIO] Abre la marcha.
[*a* MARCIO] Tú sigue a Cominio;
nosotros iremos detrás: tienes precedencia.

COMINIO

¡Noble Marcio!

SENADOR 1.º [*a los* CIUDADANOS]

¡Vamos, a vuestras casas!

MARCIO

No, que se vengan. A los volscos
les sobra el trigo; llevad estas ratas
a roer sus graneros.— Ilustrísimos facciosos,
vuestra bravura promete.— Seguidnos.

Salen.
Los CIUDADANOS *se van dispersando.*
Quedan SICINIO *y* BRUTO.

SICINIO

¡Habrá ser más soberbio que este Marcio!

---

[3] En las obras romanas de Shakespeare, el Capitolio es la sede del Senado.

BRUTO

No tiene igual.

SICINIO

Cuando fuimos elegidos tribunos del pueblo...

BRUTO

¿Te has fijado en su mirada y en sus muecas?

SICINIO

¿Y sus burlas?

BRUTO

Irritado, despreciará a los mismos dioses.

SICINIO

Se reirá de la casta luna[4].

BRUTO

¡Así se lo trague esta guerra!
De tanta valentía, mira cuánta soberbia.

SICINIO

Mimado por el triunfo, un hombre como él
desdeña hasta la sombra que pisa al mediodía.
Habrá que ver si su insolencia
se digna soportar el mando de Cominio.

BRUTO

La fama a la que aspira,
que ya le ha dispensado sus favores,
ni se alcanza ni puede sostenerse
mejor que en la segunda posición:
de los fracasos será culpable el general,
aunque lleve hasta el límite su brío,
pero de Marcio dirá la cambiante opinión:
«¡Ah, si él hubiera empuñado las riendas...!».

---

[4] Referencia a Diana, diosa virginal de la caza, identificada también con la luna.

SICINIO
Por otro lado, si todo marcha bien,
la fama, que le sigue a todas partes,
despojará a Cominio de sus méritos.
BRUTO
Más aún: la mitad de los laureles de Cominio
serán para Marcio sin haberlos merecido,
y sus errores serán laureles para Marcio,
aunque no sea digno de ninguno.
SICINIO
Vamos a ver cómo llevan esa acción.
Dejemos ya el carácter de Marcio
y veamos cómo acomete la empresa.
BRUTO
Vamos.

Salen.

I.ii *Entra Tulo* AUFIDIO *con* SENADORES *de Corioles.*

SENADOR 1.º
Así que, en tu opinión, Aufidio,
los romanos han averiguado nuestro plan
y saben cómo estamos actuando.
AUFIDIO
¿Y en la tuya no?
¿Cuándo ha podido esta nación
poner por obra sus designios
sin que Roma se nos haya adelantado?
No hace cuatro días que tuve noticias,
que dicen... creo que tengo la carta... aquí está:
«Han reclutado tropas, pero no se sabe
si van al este o al oeste. Hay mucha hambre,

el pueblo está revuelto, y corre la voz
de que Cominio y Marcio, tu viejo enemigo
(más odiado por Roma que por ti),
con Tito Larcio, un romano valeroso,
están al mando de esta expedición,
adondequiera que vaya; seguramente contra ti.
Tenlo en cuenta».

SENADOR 1.º

Nuestro ejército está en campaña.
Jamás hemos dudado de que Roma
hubiese prevenido nuestro ataque.

AUFIDIO

Tampoco os pareció ninguna necedad
guardar en secreto nuestros planes
hasta que ellos se mostraran por sí solos;
se ve que llegaron a Roma al concebirlos...
Vernos descubiertos rebaja nuestras miras:
tomar varias ciudades antes de que Roma
supiera que la tropa estaba en marcha.

SENADOR 2.º

Noble Aufidio, toma el mando
y ponte al frente de tus huestes.
Deja en nuestras manos a Corioles.
Si nos ponen cerco, que acudan
tus tropas a romperlo; aunque creo
que no marcharán sobre nosotros.

AUFIDIO

Sí que lo harán; lo sé de cierto.
Es más: está en camino un destacamento
y viene hacia aquí. Dejo a Vuestras Señorías.
Si Marcio y yo llegamos a encontrarnos,
hemos jurado que estaremos peleando
hasta que uno de los dos no pueda más.

TODOS

¡Que los dioses te protejan!

AUFIDIO

¡Y que guarden a Vuestras Señorías!

SENADOR 1.º

Adiós.

SENADOR 2.º

Adiós.

TODOS

Adiós.

Salen.

I.iii *Entran* VOLUMNIA *y* VIRGILIA, *madre y esposa de* MARCIO. *Se sientan en banquetas y se ponen a coser.*

VOLUMNIA

Anda, hija, canta o pon una cara más risueña. Si mi hijo fuese mi marido me alegraría mucho más una ausencia que le diera honor que los deleites de la cama con su más ardiente amor. Cuando era aún de tierna edad y el único hijo de mis entrañas; cuando su apostura y juventud arrebataban las miradas a su paso; cuando una madre no dejaría de contemplarlo aunque un rey se lo implorase, yo, viendo lo bien que sentaría el honor a tan gallarda estampa (que sólo serviría para colgarla en la pared si el renombre no le diese vida); yo, de buena gana le dejaba arrostrar cualquier peligro en que pudiera cobrar fama. Le mandé a una guerra cruel, y volvió con la sien coronada de encina. Te digo, hija, que no me dio tanta alegría saber que era madre de un varón como ver que se había portado como un hombre.

VIRGILIA

Pero, señora, ¿y si hubiese muerto en la empresa?

VOLUMNIA

Me quedaría su renombre como hijo: en él encontraría descendencia. Te lo digo con franqueza: si tuviese doce hijos, todos queridos por igual, ninguno menos que nuestro buen Marcio, preferiría que once de ellos muriesen noblemente por la patria a ver a uno solo empalagado en la inacción.

Entra una DAMA.

DAMA

Señora, la noble Valeria ha venido a visitarte.

VIRGILIA

Te ruego que me permitas retirarme.

VOLUMNIA

De ningún modo.
Me parece que oigo el tambor de tu marido;
lo veo derribando a Aufidio por las greñas,
y los volscos huyen de él como niños ante un oso.
Me parece que le veo patear así, gritando:
«¡Vamos, cobardes! ¡Nacidos en Roma,
pero engendrados en el miedo!». Y, limpiándose
la frente ensangrentada con su mano de malla,
él sigue adelante, como el segador
que, o lo siega todo, o pierde su jornal.

VIRGILIA

¿La frente ensangrentada? ¡Oh, Júpiter, sangre no!

VOLUMNIA

¡Calla, boba! Mejor le sienta a un hombre
que el oro a su estatua. Con Héctor a sus pechos,
Hécuba jamás estuvo más hermosa

que la frente de su hijo al escupir
sangre desdeñosa al hierro griego.—
Di a Valeria que será bien recibida.

Sale la DAMA.

VIRGILIA
¡Los dioses libren a mi señor del cruel Aufidio!

VOLUMNIA
A Aufidio le arrastrará por tierra
y le pondrá el pie sobre el cuello.

Entra VALERIA, *con un criado y la* DAMA.

VALERIA
Buenas tardes, señoras.

VOLUMNIA
¡Querida amiga!

VIRGILIA
Me alegro de verte, señora.

VALERIA
¿Cómo estáis? Os veo muy caseras. ¿Qué estáis cosiendo? ¡Vaya primor de bordado! ¿Cómo está tu hijo?

VIRGILIA
Muy bien, señora. Gracias.

VOLUMNIA
Le gusta más ver los soldados y oír los tambores que atender al maestro.

VALERIA
Hijo de su padre, ¿verdad? ¡Y qué guapo es! El miércoles me quedé observándole un buen rato.

¡Tiene un mirar tan decidido! Estaba cazando una mariposa dorada. La cogió y la soltó. Volvió a perseguirla y se cayó rodando. Se levantó y la cogió. No sé si la caída le enfureció o cómo fue; el caso es que se plantó, y fue y la destrozó. ¡La hizo mil pedazos!

VOLUMNIA
Un arrebato de su padre.

VALERIA
Desde luego es un niño noble.

VIRGILIA
Un diablillo, señora.

VALERIA
Vamos, dejad vuestra labor y disfrutad conmigo de una tarde de holganza.

VIRGILIA
No, buena señora. Yo no voy a salir.

VALERIA
¿Que no vas a salir?

VOLUMNIA
Vaya si saldrá.

VIRGILIA
Permitid que me quede. No pienso pasar de la puerta hasta que mi esposo vuelva de la guerra.

VALERIA
¡Vaya! Eres muy poco razonable al encerrarte. Vamos, debes visitar a nuestra amiga que ha dado a luz.

VIRGILIA
Espero que se recupere pronto y la visito con mis preces, pero no puedo ir.

VOLUMNIA
¿Y por qué, si se puede saber?

VIRGILIA

No es por ahorrarme la molestia ni por falta de cariño.

VALERIA

Tú quieres ser otra Penélope. Sin embargo, dicen que todo lo que hiló durante la ausencia de Ulises no hizo más que llenar Ítaca de polillas[5]. Vaya, ojalá tu lino fuese tan sensible como tus dedos; así te daría lástima pincharlo. Vamos, te vienes con nosotras.

VIRGILIA

No, señora. Perdona, pero no pienso salir.

VALERIA

Anda, vente conmigo y te daré muy buenas noticias de tu esposo.

VIRGILIA

Querida señora, aún no puede haberlas.

VALERIA

Te lo estoy diciendo en serio. Anoche llegaron noticias.

VIRGILIA

¿De veras, señora?

VALERIA

Sí, de veras. Se lo oí decir a un senador. Son éstas: los volscos tienen un ejército en campaña, al que hará frente el general Cominio con una parte de nuestras fuerzas romanas. Tu señor y Tito Larcio han sitiado la ciudad de Corioles; están seguros de que vencerán y de que la guerra será corta. Palabra de honor que es verdad, así que, anda, vente con nosotras.

---

[5] Broma de Shakespeare sobre los pretendientes de Penélope, que esperó fielmente a Ulises tejiendo (y destejiendo) mientras ellos vivían a su costa en el palacio de Ítaca.

VIRGILIA

Discúlpame, señora. En otra ocasión te obedeceré en todo.

VOLUMNIA

Déjala. Tal como está nos agriará el buen humor.

VALERIA

Desde luego. Bueno, adiós. Vamos, querida amiga.— Anda, Virgilia, déjate de tanta seriedad y vente con nosotras.

VIRGILIA

Por última vez, no, señora. No debo salir. Que os divirtáis.

VALERIA

Muy bien. Adiós.

Salen.

I.iv *Entran* MARCIO, *Tito* LARCIO, *capitanes y soldados, con tambores y bandera, como [si estuviesen] ante la ciudad de Corioles. A su encuentro, un* MENSAJERO.

MARCIO

Aquí llegan noticias. ¿A que han chocado ya?

LARCIO

Mi caballo contra el tuyo a que no.

MARCIO

Hecho.

LARCIO

Conforme.

MARCIO

Dime, el general, ¿se ha enfrentado al enemigo?

MENSAJERO

Están a la vista, pero aún no han empezado.

LARCIO

Mío es tu caballo.

MARCIO

Te lo compro.

LARCIO

No lo vendo ni regalo. Te lo dejo
medio siglo.— Intimad la rendición.

MARCIO

¿A qué distancia están las tropas?

MENSAJERO

A milla y media.

MARCIO

Oiremos sus trompetas y ellos, las nuestras.
Dios Marte, danos prontitud para marchar
con espadas humeantes en ayuda
del amigo que batalla.— ¡Que suene tu señal!

Tocan a parlamentar. Entran dos SENADORES, *seguidos de otros, por las murallas de Corioles.*

¿Está Tulo Aufidio tras esas murallas?

SENADOR 1.º

No, ni hay nadie que os tema menos que él,
que sería menos que nada.

Redoble de tambores a lo lejos.

¿Oís? Nuestros tambores sacan a los jóvenes.
Antes de quedar acorralados romperemos
las murallas. Las puertas, que parecen

bien cerradas, están atrancadas con juncos
y se abrirán solas. ¡Escuchad a lo lejos!

Fragor de combate lejano.

¡Es Aufidio! Oíd como destroza
a la mitad de vuestro ejército.

MARCIO
Están batiéndose.

LARCIO
¡Que el fragor nos sirva de señal! ¡Las escalas!

Entra [desde Corioles] el ejército volsco.

MARCIO
No nos temen, y salen de su ciudad.
El escudo delante del pecho, y combatid
con pecho más firme que el escudo. ¡Al ataque,
[Larcio!
Nos odian mucho más de lo que creímos;
me hace sudar de rabia. ¡Vamos, valientes!
Como alguien se retire, le tomaré por volsco
y le haré sentir mi acero.

Toque de trompeta. Los romanos son rechazados a sus defensas. Entra MARCIO, *imprecando.*

MARCIO
¡Que el viento del sur os traiga las pestes,
vergüenza de Roma! ¡Hatajo de...! ¡Así os emplastéis
de pústulas y llagas, asqueando sin que os vean,
y os contagiéis a una milla a contra viento! Almas
de gallina en cuerpo de hombre, ¡cómo huís de esclavos
que no pueden ni con monos! ¡Plutón y el infierno!

¡Heridos por detrás, espaldas rojas, caras pálidas
de la huida y el miedo febril! ¡Reaccionad,
y al ataque, o, por los fuegos celestes,
que dejo al enemigo y os declaro la guerra!
¡En guardia! ¡Vamos! Si resistís
se los devolveremos a sus mujeres, como ellos
nos mandaron a nuestras defensas. ¡Seguidme!

Otro toque de trompeta. [Huyen los volscos y] Marcio *los persigue hasta las puertas de la ciudad, donde quedará encerrado.*

Están abiertas las puertas. ¡Secundadme!
Las abre la fortuna a los perseguidores,
no a los fugitivos. Fijaos e imitadme.

Entra en la ciudad.

Soldado 1.º
¡Qué temeridad! Yo no voy.

Soldado 2.º
Ni yo.

Soldado 1.º
¡Mira! ¡Le han encerrado!

Todos
A la olla, ya veréis.

Sigue el fragor de combate. Entra Tito Larcio.

Larcio
¿Qué ha sido de Marcio?

Todos
Muerto, señor. Seguro.

SOLDADO 1.º

Entró pisando los talones a los fugitivos,
que, de pronto, cerraron las puertas.
Se ha quedado solo contra toda la ciudad.

LARCIO

¡Ah, noble amigo! Tu ánimo aventaja
a tu acero inanimado; si éste cede,
tú sigues en pie. ¡Estás perdido, Marcio!
Un rubí tan grande como tú
no sería una joya tan valiosa.
Fuiste el guerrero deseado por Catón,
no sólo duro y temible acometiendo,
sino que hacías estremecerse al enemigo
con tu fiera mirada y tu voz atronadora
como si el mundo temblase enfebrecido.

Entra MARCIO *ensangrentado, acosado por el enemigo.*

SOLDADO 1.º

Mira, señor.

LARCIO

¡Es Marcio! ¡A salvarle o a correr su suerte!

Luchan y entran todos en la ciudad.

I.v *Entran algunos* ROMANOS *con despojos.*

ROMANO 1.º

Esto me lo llevo a Roma.

ROMANO 2.º

Y yo, esto.

Romano 3.º
¡Mala peste...! Lo tomé por plata.

Salen.
Sigue el fragor de combate a lo lejos. Entran Marcio *y Tito* Larcio *con un trompeta.*

Marcio
¡Mira qué activos, tasando su tiempo
en una dracma rota! Cojines, cucharas de estaño,
espadas baratas, jubones que el verdugo
enterraría con sus dueños. Estos granujas
saquean antes que acabe la lucha. ¡Malditos!
¡Eh! Escucha cómo arremete nuestro general.
¡Vamos con él! Allí está mi odio, Aufidio,
hiriendo a los nuestros. Valiente Larcio,
asegura la ciudad con bastantes soldados
mientras yo voy en ayuda de Cominio
con todo el que tenga valor.

Larcio
Noble Marcio, estás sangrando.
Tu empeño ha sido muy violento
para que ahora vuelvas a luchar.

Marcio
Señor, no me conoces.
El esfuerzo aún no me ha templado. Adiós.
La sangre que vierto es más saludable
que peligrosa. Así apareceré
ante Aufidio y lucharemos.

Larcio
Que la diosa Fortuna se enamore de ti
y sus encantos desvíen el acero enemigo.
Valiente guerrero, que el triunfo te acompañe.

MARCIO

Y a ti más que a sus favoritos. Adiós.

LARCIO

¡Nobilísimo Marcio!

[*Sale* MARCIO.]

Vete al foro y suene tu trompeta;
convoca a los jefes de la ciudad
para que conozcan nuestras decisiones.

Salen.

I.vi *Entra* COMINIO, *como batiéndose en retirada, con varios soldados.*

COMINIO

Descansad, amigos. Buen combate, y retirada
de romanos: ni temerarios resistiendo,
ni en el repliegue cobardes. Veréis
que volverán a acometernos. En la lucha
oíamos los ataques de los nuestros, traídos
a intervalos por las ráfagas. ¡Dioses de Roma!
Dadles la victoria que todos anhelamos,
para que nuestros dos ejércitos, gozosos
os ofrenden sacrificios de agradecimiento.

Entra un MENSAJERO.

¿Tu mensaje?

MENSAJERO

Los ciudadanos de Corioles han salido
y se han enfrentado a Tito y a Marcio.

He venido porque vi que nuestro bando
era rechazado a sus defensas.

COMINIO

Aunque digas la verdad, creo que no
la dices bien. ¿Cuánto hace de eso?

MENSAJERO

Más de una hora, señor.

COMINIO

Hay menos de una milla. Hemos oído sus
[tambores.
¿Cómo has perdido una hora en una milla
y traes tan tarde la noticia?

MENSAJERO

Me siguieron espías volscos y tuve
que dar un rodeo de tres o cuatro millas.
Si no, hace media hora
que habría traído el mensaje.

Entra MARCIO.

COMINIO

¿Quién viene ahí, que parece
que le hubieran desollado? ¡Oh, dioses!
Tiene la estampa de Marcio;
le he visto así otras veces.

MARCIO

¿Llego tarde?

COMINIO

No distingue el pastor el trueno del tamboril
como yo sé distinguir la voz de Marcio
entre cientos de voces inferiores.

MARCIO

¿Llego tarde?

COMINIO

Sí..., si no es de otro
el manto de sangre que te cubre.

MARCIO

Ah, deja que te abrace como hacía
con mi amada; con pecho tan gozoso
como al fin de mis bodas, entre luces
mortecinas que llamaban al lecho.

COMINIO

¡Flor de los guerreros!
¿Qué ha sido de Larcio?

MARCIO

Está atareado dando órdenes: condena
a muerte a unos y a otros al destierro;
libera por rescate, por piedad; amenaza,
y en nombre de Roma tiene a Corioles
como quien lleva un galgo zalamero
y lo suelta cuando quiere.

COMINIO

¿Dónde está el bribón que ha dicho
que fuisteis rechazados? ¿Dónde? ¡Que venga!

MARCIO

Déjale en paz. Te ha dicho la verdad.
Mas nuestros señores, los del montón...
[¡Mala peste...!
¡Y encima, tribunos! Jamás huyó el ratón del gato
como ellos de perros aún peores.

COMINIO

¿Y cómo vencisteis?

MARCIO

¿Es momento de contarlo? Creo que no.
¿Y el enemigo? ¿Sois ya los amos del campo?
Si no, ¿por qué no seguís hasta lograrlo?

COMINIO

Marcio, hemos combatido en desventaja
y si nos hemos replegado fue a propósito.

MARCIO

¿Cuál es su posición? ¿Sabéis en qué parte
han situado a sus hombres mejores?

COMINIO

Supongo, Marcio, que en vanguardia
están los anciates[6], sus tropas escogidas.
Los manda Aufidio, el nervio de su afán.

MARCIO

Por todas las batallas en que hemos combatido,
por la sangre que juntos hemos derramado,
por nuestros votos de amistad inalterable,
te suplico que me mandes ahora mismo
contra Aufidio y los de Ancio, y que, sin más,
llenando el aire de lanzas y espadas en alto,
pongamos a prueba esta hora.

COMINIO

Antes debieran llevarte a un baño suave
y cubrirte de bálsamos; sin embargo,
no me atrevo a negarte lo que pides.
Escoge a los que deban secundarte.

MARCIO

Serán los que más lo deseen.— Si alguno
de entre vosotros (sería una ofensa dudarlo)
ama este color que me embadurna;
si alguno teme al peligro
menos que al deshonor; si alguno cree
que muerte noble supera a vida ruin

---

[6] Habitantes de Ancio (Antium), ciudad próxima a la costa y muy cercana a la actual Anzio.

y que su patria está por encima de sí mismo,
que él, y cuantos piensen como él,
levante así la espada en prueba de adhesión
y siga a Marcio.

Todos gritan y blanden las espadas, le alzan en brazos y lanzan los gorros al aire.

¡A mí solo! ¡Haced de mí una espada!
Si estas pruebas no son falsas, ¿quién de vosotros
no valdrá por cuatro volscos? Cualquiera
es capaz de oponer al gran Aufidio
un escudo tan duro como el suyo.— Gracias,
pero no puedo escoger más que a unos pocos.
Los demás serán llamados a otra lucha
si la ocasión lo demanda. Servíos marchar,
que al punto escogeré para esta acción
a los que vea más dispuestos.

COMINIO

En marcha, amigos.
Confirmad vuestro entusiasmo
y todo lo compartiréis con nosotros.

Salen.

I.vii *Tito* LARCIO, *después de dejar una guarnición en Corioles, sale con tambores y trompetas a reunirse con* COMINIO *y Cayo* MARCIO, *acompañado de un* LUGARTENIENTE, *otros soldados y un guía.*

LARCIO

Que guarden bien las puertas. Cumplid
las órdenes que he dado. Si os lo pido, enviad

en nuestra ayuda esas centurias; el resto
bastará para una breve ocupación.
Si perdemos la batalla, perdemos la ciudad.

LUGARTENIENTE
Confía en nosotros, señor.

LARCIO
Entrad y cerrad las puertas.
Y tú, guíanos al campamento romano.

Salen.

I.viii *Fragor de combate. Entran* MARCIO *y* AUFIDIO *por lados opuestos.*

MARCIO
No lucharé más que contigo,
pues te odio más que a un perjuro.

AUFIDIO
Nos odiamos por igual. En toda el África
no hay serpiente más abominable
que tu odiada fama. ¡En guardia!

MARCIO
Que el primero que ceda
muera esclavo del otro
y sea condenado por los dioses.

AUFIDIO
Si huyo, Marcio, acósame a gritos
como a una liebre.

MARCIO
Aún no hace tres horas, Tulo Aufidio,
que luché yo solo en tu Corioles
haciendo estragos a placer. No es mía

la sangre que me cubre, conque tensa
hasta el límite tus fuerzas y véngate.

AUFIDIO

Aunque fueses aquel Héctor,
campeón de tu estirpe tan gloriada[7],
esta vez no escaparás.

Luchan, y acuden algunos volscos en ayuda de AUFIDIO.
MARCIO *combate hasta que los hace retroceder.*

¡Estorbo, que no ayuda!
¡Vuestro odioso apoyo me ha deshonrado!

Salen.

I.ix *Clarines. Toque de retreta. Entra* COMINIO *por un lado con soldados romanos; por el otro,* MARCIO, *con un brazo en cabestrillo.*

COMINIO

Si te dijese lo que hoy has conseguido
no creerías tus hazañas. Las contaré
donde los senadores mezclarán sonrisa y lágrima;
donde los patricios oirán, no creerán
y acabarán asombrados; donde las damas
se aterrarán y, temblando de gozo, seguirán
escuchando; donde los torpes tribunos,
que, con la plebe enmohecida, detestan tu fama,
reacios dirán: «¡Gracias a los dioses
que tenemos en Roma a tal soldado!».

---

[7] La estirpe de Eneas, el legendario fundador de Roma y troyano como Héctor.

Con todo, a poco te ha sabido este festín,
habiendo comido hasta saciarte.

Entra Tito LARCIO *con su tropa, de vuelta de la persecución.*

LARCIO
General, éste es el corcel
y nosotros, los arreos. Si hubieras visto...

MARCIO
Basta, te lo ruego. Mi madre, que goza
de patente para elogiar su propia sangre,
me aflige al ensalzarme. Yo sólo he hecho
lo que vosotros, lo que he podido;
me movió lo que a vosotros, la patria.
Quien haya realizado su buena voluntad
habrá superado mi actuación.

COMINIO
No serás la tumba de tu mérito;
Roma debe conocer la valía de los suyos.
Sería una ocultación peor que un robo
y tan grave como una calumnia encubrir
tus hechos y callar lo que, elevado
a la cumbre del elogio, sería sólo tibieza.
Por eso te suplico que me escuches
mientras hablo a nuestro ejército;
no en premio, sino para mostrarte como eres.

MARCIO
Llevo heridas en la piel,
y me escuecen al oírse recordadas.

COMINIO
Si no las recordásemos, las podría infectar
la ingratitud, y sólo sanarían con la muerte.
De todos los caballos capturados,

que son muchos y buenos; de todo el botín
cobrado en la ciudad y en la batalla
te damos la décima parte: escógela
a tu albedrío antes del reparto general.

MARCIO

Gracias, Cominio, mas no puedo persuadir
al corazón a que se deje sobornar
para pagar a mi espada. No lo acepto,
y sólo quiero una parte igual a la de todos
los que han intervenido en esta empresa.

Toque de clarines prolongado. Todos gritan «¡Marcio! ¡Marcio!» y arrojan al aire sus gorros y lanzas. COMINIO *y* LARCIO *se descubren.*

¡Ojalá no suenen más los instrumentos
que ahora profanáis! Cuando clarines y tambores
adulen en campaña, ¡que las cortes y ciudades
se entreguen al halago y falsedad! Cuando el acero
sea tan blando como seda de parásito,
¡que lo lleven en las guerras por coraza! ¡Basta!
Por no lavarme la nariz cuando sangraba
o tumbar a un pobre endeble (como muchos
habéis hecho y nadie lo ha sabido),
me cubrís de aclamaciones hiperbólicas,
cual si a mí me gustase cebar mis pequeñeces
con elogios sazonados de mentiras.

COMINIO

Tu modestia es extremada. Con tu fama
eres más cruel que agradecido con nosotros,
que te hacemos justicia. Con tu permiso,
si contigo estás furioso, habrá que maniatarte
como al que piensa hacerse daño,

y así podremos razonar tranquilamente.—
Sepan todos, nosotros y todo el mundo,
que el laurel de esta victoria es de Cayo Marcio.
En prueba de ello le regalo mi noble corcel,
de todos conocido, con su guarnición;
y por su hazaña en Corioles le llamo desde ahora,
con el aplauso clamoroso del ejército,
¡Cayo Marcio Coriolano!
¡Lleva el sobrenombre con nobleza!

Suenan trompetas y tambores.

TODOS
¡Cayo Marcio Coriolano!

CORIOLANO
Voy a lavarme y, con la cara limpia,
verás si no me ruborizo.
No obstante, gracias. Montaré tu corcel,
y cimera será mi sobrenombre
que llevaré tan dignamente como pueda.

COMINIO
Vamos a nuestra tienda, y antes del reposo
enviaremos a Roma noticia del triunfo.—
Tú, Tito Larcio, vuelve a Corioles y mándanos
a Roma a quien mejor pueda negociar
la paz en beneficio de ambas partes.

LARCIO
Sí, señor.

CORIOLANO
Los dioses se burlan de mí. Yo, que acabo
de rehusar dones principescos, me veo
obligado a mendigarle al general.

COMINIO
Concedido. ¿Qué deseas?

CORIOLANO

Me hospedé una vez aquí, en Corioles,
en casa de un humilde, que me trató
con afecto. Me pidió auxilio: estaba prisionero.
En esto apareció Aufidio, y la cólera
venció a mi compasión. Te suplico
que des libertad a quien me dio posada.

COMINIO

¡Noble súplica! Así fuera
el asesino de mi hijo, quedaría
libre como el viento. ¡Libérale, Tito!

LARCIO

¿Su nombre, Marcio?

CORIOLANO

¡Por Júpiter, lo he olvidado!
Estoy cansado; me falla la memoria.
¿No tenemos vino?

COMINIO

Vamos a nuestra tienda.
Se te seca la sangre de la cara
y es hora de cuidarla. Vamos.

Salen.

I.x *Suenan las trompas. Entra Tulo* AUFIDIO, *ensangrentado, con dos o tres* SOLDADOS.

AUFIDIO

¡Han tomado la ciudad!

SOLDADO 1.º

Será devuelta en condiciones.

AUFIDIO

¿Condiciones? Ojalá fuese romano; siendo volsco,

no puedo ser quien soy. ¿Condiciones?
¿Qué condiciones va a dar el vencedor
al bando sometido? Cinco veces, Marcio,
he luchado contra ti, y todas me has vencido.
Y siempre lo harías, así nos enfrentásemos
las veces que comemos. Por los elementos,
que, si vuelvo a encontrarle cara a cara,
será mío, o yo suyo. Mi rivalidad
ya no se mueve como antes, por honor:
pensaba derribarle en lucha igual,
espada contra espada, mas si no se la hinco
de algún modo, mi furia o mi astucia habrá de hundirle.

SOLDADO 1.º
Es el diablo.

AUFIDIO
Más valiente y menos listo. Mi valor guarda veneno
desde que él lo ha empañado, y desviará
por él su curso. Ni sueño, lugar sagrado,
dolencia o indefensión; ni Capitolio, ni templo,
ni oración de sacerdotes, ni ocasión
de sacrificio (que ponen freno a la cólera),
servirán de privilegio contra mi odio
por Marcio. Dondequiera que lo encuentre,
en mi casa o protegido por mi hermano,
violaré la ley de la hospitalidad
y lavaré en su corazón mi mano fiera.—
Ve a la ciudad, averigua cómo la ocupan
y quiénes van a Roma de rehenes.

SOLDADO 1.º
¿Tú no irás?

AUFIDIO
Me esperan en el cipresal, al sur
de los molinos. Mándame recado

de cómo van las cosas, para que pueda
llevar mi camino a su paso.

SOLDADO 1.º
Sí, señor.

[*Salen.*]

II.i *Entra* MENENIO *con los dos tribunos del pueblo,* SICINIO *y* BRUTO.

MENENIO
Me ha dicho el augur que esta noche habrá noticias.

BRUTO
¿Buenas o malas?

MENENIO
No de las que desea el pueblo, que no quiere a Marcio.

SICINIO
La naturaleza enseña al animal a conocer a sus amigos.

MENENIO
Dime, ¿a quién quiere el lobo?

SICINIO
Al cordero.

MENENIO
Claro, para devorarlo, como harían los hambrientos plebeyos con el noble Marcio.

BRUTO
Desde luego es un cordero que bala como un oso.

MENENIO
Desde luego es un oso que vive como un cordero. Vosotros, que sois viejos, contestadme una pregunta.

LOS DOS

A ver.

MENENIO

¿Qué vicio empobrece a Marcio que vosotros no tengáis en abundancia?

BRUTO

Empobrecerle, ninguno: está bien surtido de todos.

SICINIO

Más que nada, de soberbia.

BRUTO

Y su jactancia supera a todos los demás.

MENENIO

¡Qué raro! ¿Sabéis cómo os juzgan aquí, en la ciudad, cómo os juzgamos los señores? ¿Lo sabéis?

LOS DOS

Pues, ¿cómo nos juzgan?

MENENIO

Como habláis de soberbia..., ¿no os enfadaréis?

LOS DOS

Vamos, señor, vamos.

MENENIO

Bueno, no importa: el menor pretexto os hace perder la paciencia. Dadle suelta a vuestro temperamento y enfadaos a placer; vamos, si es que os produce placer. ¿Así que acusáis a Marcio de soberbio?

BRUTO

Nosotros solos, no, señor.

MENENIO

Ya sé que vosotros solos sabéis hacer muy poco, que, si no recibierais tanta ayuda, vuestros actos perderían toda su fuerza. Vuestra capacidad aún es muy débil para que podáis hacer nada solos.

Habláis de soberbia. ¡Ay si pudierais volver la vista hacia vosotros mismos y hacer una introspección de vuestras honradas personas! ¡Ay si pudierais!

LOS DOS

¿Qué pasaría?

MENENIO

Que descubriríais a un par de magistrados indignos, altaneros, violentos y quisquillosos; vamos, a dos tontos como los mejores de Roma.

SICINIO

Menenio, a ti también se te conoce de sobra.

MENENIO

A mí se me conoce como un patricio extravagante, aficionado a beber vino fuerte sin aguarlo con una sola gota del Tíber; proclive a dar la razón al primero que se queja; impulsivo y muy dado a sulfurarse por nada; que tiene más trato con el fondo de la noche que con la fachada del día. Lo que pienso, lo digo, y se me va la maldad por la boca. Si me encuentro con dos repúblicos como vosotros (no puedo llamaros Licurgos) que me dan de beber un mal trago, en seguida tuerzo el gesto. No puedo decir que Vuestras Señorías hayan expuesto bien la cuestión cuando veo asomar el burro por la mayoría de vuestras sílabas. Y aunque tengo que resignarme a soportar a los que os tienen por hombres graves y venerables, mienten descaradamente los que dicen que tenéis cara de honrados. ¿Es que, porque podáis leer todo esto en el mapa de mi microcosmos[8], ya se deduce que «también se me conoce de sobra»?

---

[8] Es decir, mi cara (según el antiguo concepto de que el hombre era reflejo del universo, el macrocosmos).

Y, si así fuera, ¿qué defecto podrían colegir de mi carácter vuestras ciegas perspicuidades?

BRUTO

Vamos, vamos, que ya te conocemos de sobra.

MENENIO

No me conocéis ni a mí ni a vosotros mismos, ni sabéis nada. Vuestra ambición es el saludo o la reverencia de unos pobres diablos. Perdéis una hermosa mañana oyendo un pleito de nada entre una verdulera y un vendedor de tapones, y luego prorrogáis la audiencia un día más. Y si os da un cólico en plena sesión, hacéis más visajes que un histrión, le declaráis la guerra a la paciencia y, pidiendo a gritos un orinal, dejáis el litigio en carne viva y aún más embarullado de lo que estaba. Vosotros ponéis paz llamando granujas a las dos partes. ¡Menuda pareja sois!

BRUTO

Vamos, vamos. Todo el mundo sabe que eres más gracioso en los convites que útil en el Capitolio.

MENENIO

Hasta nuestros sacerdotes se volverán unos guasones si se encuentran con tipos tan ridículos como vosotros. Ni lo más sensato que decís merece el meneo de vuestras barbas; barbas que ni siquiera se merecen la honrosa sepultura del cojín de un remendón o las albardas de un burro. Y, sin embargo, venga a decir que Marcio es soberbio, cuando, calculando por lo bajo, vale por todos vuestros antepasados desde Deucalión[9], aunque algunos de los más

[9] Personaje mitológico griego correspondiente al hebreo Noé. La expresión de Menenio significa, pues, «desde el diluvio».

notables hayan sido verdugos hereditarios. ¡Buenas tardes tengan Vuestras Señorías! Seguir con vosotros me contagiaría el entendimiento, siendo como sois los pastores del rebaño plebeyo. Permitid que me despida de vosotros.

BRUTO *y* SICINIO *se apartan a un lado.*
Entran VOLUMNIA, VIRGILIA *y* VALERIA.

¿Qué hay, nobles y hermosas señoras? (Y la luna no sería más noble si fuera terrenal.) ¿Adónde vais tan de prisa?

VOLUMNIA
Honorable Menenio, se acerca Marcio, mi muchacho.— Vamos, por el amor de Juno.

MENENIO
¿Cómo? ¿Que vuelve Marcio?

VOLUMNIA
Sí, noble Menenio, y con muestras de un gran triunfo.

MENENIO
¡Ahí va mi gorro, Júpiter, con mi gratitud! ¡Viva! ¿Vuelve Marcio?

VIRGILIA *y* VALERIA
Que sí; es verdad.

VOLUMNIA
Mira, esta carta es suya; el Senado tiene otra; su mujer, otra, y creo que en casa hay una para ti.

MENENIO
¡Mi casa va a dar vueltas esta noche! ¿Una carta para mí?

VIRGILIA
Sí, es verdad. La he visto yo.

MENENIO

¿Una carta para mí? Eso me da salud para siete años, durante los cuales le sacaré la lengua al médico. La reina de las recetas de Galeno no pasa de *empiritúrica*, y, al lado de este elíxir, no es más que un potingue de caballo. ¿No está herido? Solía volver herido.

VIRGILIA

¡Oh, no, no, no!

VOLUMNIA

Sí que está herido. Gracias sean dadas a los dioses.

MENENIO

Lo mismo digo, con tal que no sea grave. Las heridas le van bien si trae una victoria en el bolsillo.

VOLUMNIA

No, Menenio: en la frente. Vuelve por tercera vez coronado de encina.

MENENIO

¿Le ha zurrado bien a Aufidio?

VOLUMNIA

Tito Larcio ha escrito diciendo que pelearon, pero que Aufidio escapó.

MENENIO

Y en buena hora, vaya que sí. Si se hubiera quedado, yo no me habría *aufidiado* ni por todas las arcas de Corioles con el oro dentro y todo. ¿Está informado el Senado?

VOLUMNIA

Vamos, señoras.— Sí, sí. El Senado ha recibido cartas del general en las que atribuye a mi hijo el mérito de la victoria. En esta empresa Marcio ha superado con creces todas las anteriores.

VALERIA

Es verdad. Se cuentan de él maravillas.

MENENIO

¿Maravillas? Vaya que sí, y se las habrá ganado a pulso.

VIRGILIA

Ojalá sean ciertas.

VOLUMNIA

¿Ciertas? ¡Bah!

MENENIO

¿Ciertas? Seguro que sí. ¿Dónde está herido? [*A los tribunos.*] ¡Dios guarde a Vuestras Señorías! Vuelve Marcio, y con mayor motivo para ser soberbio.— ¿Dónde está herido?

VOLUMNIA

En el hombro y el brazo izquierdo. Tendrá buenas cicatrices que enseñar al pueblo cuando se presente al cargo. En la derrota de Tarquino se llevó siete heridas en el cuerpo.

MENENIO

Una en el cuello, dos en el muslo... ya van nueve[10].

VOLUMNIA

Antes de esta expedición ya llevaba veinticinco.

MENENIO

Entonces son veintisiete. Y cada tajo, la tumba de un enemigo.

Aclamación y toque de clarines.

Escuchad, los clarines.

VOLUMNIA

Son los heraldos de Marcio; por delante
lleva el ruido, y a su paso deja el llanto.

[10] La diferencia en la suma se explica si suponemos que Menenio concluye en voz alta un cálculo mental.

La muerte se aloja en su brazo potente:
se alza, golpea y los hombres perecen.

Suenan los clarines. Entran el general COMINIO *y Tito* LARCIO *y, entre ellos,* CORIOLANO, *coronado de encina, con capitanes, soldados y un* HERALDO.

HERALDO
Sepa Roma que Marcio luchó solo
en la ciudad de Corioles, donde conquistó,
a la par que fama, un nombre glorioso.
Únase a Cayo Marcio, en su honor, «Coriolano».
¡Bienvenido a Roma, insigne Coriolano!

Clarines.

TODOS
¡Bienvenido a Roma, insigne Coriolano!
CORIOLANO
Basta. Me hiere el alma. Os lo ruego, basta.
COMINIO
Mira, tu madre.
CORIOLANO
¡Ah! Sé que has implorado a los dioses
[mi victoria.

Se arrodilla.

VOLUMNIA
Vamos, en pie, mi bravo guerrero,
mi noble Marcio, digno Cayo, llamado ahora
por el honor de tu hazaña... ¿cómo...?

¿Es Coriolano como debo llamarte?
Pero, mira, tu esposa.

CORIOLANO

¡Salud, mi dulce silencio! Tú,
que lloras de verme triunfante, ¿reirías
si me vieses volver amortajado? Vida mía,
así están los ojos de las viudas de Corioles
y de las madres que perdieron a sus hijos.

MENENIO

Y ahora, ¡que los dioses te lo premien!

CORIOLANO

¿Conque sigues vivo?
[*A* VALERIA] Ah, perdón, querida señora.

VOLUMNIA

No sé por dónde empezar. ¡Ah, sed bienvenidos!
¡Bienvenido, general! ¡Bienvenidos todos!

MENENIO

¡Bienvenidos mil veces! Quisiera reír,
llorar; estoy alegre, triste. Bienvenido.
¡Que una maldición remuerda hasta la entraña
al corazón que no se alegre de verte! Roma
debiera prendarse de los tres. Aunque aquí
hay naranjos bordes[11] que se niegan al injerto
de vuestro sabor. Mas, bienvenidos, guerreros.
Aquí llamamos ortiga a la ortiga,
y tontuna al vicio de los tontos.

COMINIO

Siempre en lo cierto.

CORIOLANO

¿Menenio? Siempre, siempre.

---

11 Alusión a los tribunos.

HERALDO

Abrid paso, y adelante.

CORIOLANO [*a* VOLUMNIA *y* VIRGILIA]

Tu mano y la tuya.
Antes que me acoja a la paz de nuestra casa,
he de cumplimentar a los patricios,
que, además de enviar sus saludos,
me han distinguido con nuevos honores.

VOLUMNIA

He vivido para ver heredados mis deseos
y levantados los palacios de mis sueños.
Ya sólo falta una cosa
que Roma sin duda te dará.

CORIOLANO

Buena madre, has de saber que prefiero
servirlos a mi modo que gobernarlos al suyo.

COMINIO

Vamos, al Capitolio.

Suenan las trompas. Salen con solemnidad, como antes. Se adelantan BRUTO *y* SICINIO.

BRUTO

Todos le nombran. El miope se pone
anteojos por verle; hablando de él
la nodriza parlera deja a la criatura
llorando hasta el espasmo; la fregona rodea
su cuello pringoso con su estopa más fina
y se sube a las tapias por verle. Rebosan
los bancos, puestos y ventanas; sobre los tejados,
montan caballetes gentes muy diversas; y todos
se afanan por verle. Los flámines, que apenas
se muestran, jadean entre el pueblo en busca

de un sitio. Las damas veladas abandonan
la guerra blanquirroja de su tez pintada
al estrago lascivo de los besos de Febo[12].
¡Qué alboroto! Como si el dios que le custodia,
introducido en sus poderes humanos,
le diera figura divina.

SICINIO

En seguida le hacen cónsul, ya verás.

BRUTO

Y durante su mandato nuestro cargo
pasará a mejor vida.

SICINIO

Le falta mesura para llevar sus honores
dentro de los límites precisos
y perderá los que ha ganado.

BRUTO

Es un consuelo.

SICINIO

Verás que el pueblo al que representamos
a la menor ocasión volverá a su vieja inquina
y olvidará sus nuevos laureles. Siendo él mismo
tan soberbio, seguro que les da la ocasión.

BRUTO

Le oí jurar que si fuera a presentarse
al consulado, ni aparecería en el foro,
ni vestiría la toga pelada de la humildad,
ni, mostrándole al pueblo sus heridas,
según la costumbre, les pediría
sus votos apestosos.

---

[12] Nombre latino del dios Apolo y personificación del sol. La «guerra blanquirroja» era un tópico de la lírica renacentista inglesa: las damas isabelinas evitaban que les diera el sol.

SICINIO

Es verdad.

BRUTO

Eso dijo. A no ser por el deseo
de los patricios y el ruego de los nobles,
se quedaría sin el cargo antes que ganárselo.

SICINIO

Ojalá se atenga al juramento
y lo ponga por obra.

BRUTO

Lo más seguro es que lo haga.

SICINIO

Será para él lo que tanto nos conviene:
su perdición.

BRUTO

Así ha de ser o perderemos nuestro cargo.
Al pueblo debemos hacer ver el odio
que siempre le tuvo y que, de haber podido,
los habría convertido en acémilas,
habría silenciado a sus tribunos
y vulnerado sus derechos; porque estima
que ellos, en sus actos y su capacidad,
demuestran menos juicio y aptitudes
para el mundo que los camellos en la guerra,
que reciben el pienso por llevar la carga
y buenos palos por caer bajo su peso.

SICINIO

Si todo esto se insinúa, como dices,
en un rapto de soberbia arrolladora
que irrite al pueblo (y no faltará ocasión
si le provocan, pues es como azuzar
a perros contra ovejas), su fuego ha de [encender

la paja popular, y con las llamas
quedará deslucido para siempre.

Entra un MENSAJERO.

BRUTO

¿Qué ocurre?

MENSAJERO

Os mandan que vayáis al Capitolio. Dicen
que a Marcio le harán cónsul. He visto apiñarse
a los mudos para verle y a los ciegos para oírle.
Las matronas arrojaban los guantes a su paso,
y damas y doncellas sus pañuelos y toquillas.
Los nobles se inclinaban cual si fuera
la estatua de Júpiter, y el pueblo le acogía
con una lluvia de gorros y un tronar de vítores.
Jamás vi cosa igual.

BRUTO

Vamos al Capitolio. Tengamos por ahora
los ojos y oídos bien abiertos
y el ánimo atento al desenlace.

SICINIO

Vamos.

Salen.

II.ii *Entran dos* UJIERES *a poner cojines, como si fuera en el Capitolio.*

UJIER 1.º

¡Venga, vamos, que están llegando! ¿Cuántos se presentan al consulado?

UJIER 2.º

Dicen que tres, pero todo el mundo cree que se lo llevará Coriolano.

UJIER 1.º

Es un valiente, pero soberbio como él solo, y no quiere al pueblo.

UJIER 2.º

Pues muchos hombres importantes que han adulado al pueblo no lo han querido, y el pueblo ha querido a muchos sin saber por qué; así que si quieren a alguien sin razón, odian sin mejor motivo. Por tanto, si a Coriolano le da igual que le quieran o le odien es porque conoce muy bien su carácter y se lo hace ver con su señorial desenvoltura.

UJIER 1.º

Si le diese igual que le quisieran o no, no se preocuparía por hacerles ni bien ni mal; pero él va detrás de su odio con más pasión que la que ellos puedan poner en responderle y hace todo lo posible por mostrarse su enemigo. Pues bien, no disimular que se desea la inquina y malquerencia del pueblo es tan malo como lo que él aborrece: adular al pueblo para ganarse su afecto.

UJIER 2.º

Merece el agradecimiento de la patria y no sube al poder por los cómodos peldaños de quienes, complacientes y corteses con el pueblo, se fueron ganando su respeto y simpatía a fuerza de descubrirse y nada más. Él les ha metido sus honores en los ojos y sus proezas en el alma, a tal punto que callar y no reconocerlo sería una cruel ingratitud; decir lo contrario sería una vileza que se volvería contra sí misma y se atraería el reproche y repulsa de cualquiera que lo oyese.

UJIER 1.º

En una palabra: es un hombre eminente. Vamos, que ya vienen.

Toque de clarines. Entran, precedidos de lictores[13]*, los patricios y los tribunos del pueblo;* CORIOLANO, MENENIO, *el cónsul* COMINIO. SICINIO *y* BRUTO *se sientan aparte.*

MENENIO

Concluido el asunto de los volscos
y ordenado el regreso de Larcio, sólo resta,
como punto central de esta sesión,
premiar el gran servicio prestado a su patria.
Por tanto, venerables y graves Señorías,
tened a bien invitar al actual cónsul
y general en nuestra gloriosa campaña
a que refiera los hechos ilustres
realizados por Cayo Marcio Coriolano,
a quien vamos a celebrar y premiar
con los honores que merece.

SENADOR 1.º

Habla, buen Cominio. No temas ser prolijo
y haznos sentir que Roma es pobre
en galardones, no que nos falta voluntad
para aumentarlos.— Señores tribunos,
rogamos vuestra benigna atención y, después,
vuestra amable intervención ante el pueblo
para que acepte lo que ahora acordemos.

[13] Funcionarios romanos que precedían a los cónsules y a otros magistrados.

SICINIO

Nos place lo que vamos a tratar
y nuestro ánimo se inclina por honrar
y promover el tema de esta asamblea.

BRUTO

Y lo haremos con mejor voluntad
si él demuestra más afecto por el pueblo
que el expresado hasta ahora.

MENENIO

Eso no hace al caso. Más te habría valido
seguir callado. ¿Tendréis a bien oír a Cominio?

BRUTO

Con mucho gusto. Pero mi observación
ha sido más pertinente que tu repulsa.

MENENIO

Él quiere a tu pueblo, pero no le obligues
a acostarse con él. Noble Cominio, habla.

CORIOLANO *se levanta y se dispone a salir.*

Sigue en tu sitio.

SENADOR 1.º

Siéntate, Coriolano. No te avergüence
oír el relato de tus hechos.

CORIOLANO

Perdonadme, Señorías. Prefiero
volver a curarme las heridas
antes que oír cómo las he recibido.

BRUTO

Señor, espero que no
te hayan levantado mis palabras.

CORIOLANO

No. Pero a mí, que no me mueven los golpes,

me ahuyentan las palabras.
Como no has adulado, no hay ofensa.
Y a tu pueblo lo quiero según su valor...

MENENIO
Anda, siéntate.

CORIOLANO
Prefiero que me rasquen la cabeza a pleno sol
mientras tocan al arma a quedarme aquí sentado
oyendo agigantar mis menudencias.

Sale.

MENENIO
Señores tribunos, ¿cómo queréis que adule
a vuestra prolífica prole, que de mil
sólo da uno bueno, cuando veis que prefiere
arriesgar todos sus miembros por honor
antes que un oído para oírlo? Empieza, Cominio.

COMINIO
No creo que tenga voz. Los hechos de Coriolano
no deben proclamarse débilmente.
Se dice que el valor es la virtud suprema
y la que más ennoblece a quien la tiene.
Si es así, el hombre de quien hablo
no tiene parangón. A la edad de dieciséis,
cuando Tarquino mandó sus fuerzas contra Roma,
luchó con más bravura que ninguno.
El dictador, a quien recuerdo con elogios,
le vio luchar y repeler, con su mentón
imberbe de amazona, a guerreros barbados.
Cubrió a un romano acorralado y, ante el cónsul,
mató a tres enemigos. Se enfrentó al mismo Tarquino
y le derribó. En jornada tan gloriosa,

pudiendo hacer aún de mujer en el teatro[14],
fue el mejor en la pelea y, por su arrojo,
ciñó la corona de encina. Así, aguerrido
en plena adolescencia, creció como la mar,
y, en el tumulto de diecisiete batallas,
a todos los dejaba sin laureles.
Sus proezas dentro y fuera de Corioles
no sabré contar. Frenó a los fugitivos,
que, ante su ejemplo singular, trocaron
la huida en cacería. Como algas
al paso de un barco, los hombres cedían
y caían bajo su proa. Su espada,
mortífero sello, dejaba su marca fatal.
Bañado de rojo de pies a cabeza, su marcha
venía acompasada con gritos de víctimas.
Entró solo en la fatídica ciudad
y la tiñó de sangre inexorable.
Logró zafarse y, con rápido refuerzo,
cayó sobre Corioles como un astro.
Cuando, victorioso, su fino oído
fue sintiendo el fragor del combate,
su aliento revivido dio vigor
a su cuerpo extenuado. Se lanzó a la batalla
y, como el que entra a degüello, corrió,
humeante de sangre, arrollando vidas humanas.
Y no se dio respiro hasta que vio
que era nuestra la batalla y la ciudad.

---

[14] Aunque en el teatro de la antigüedad griega y romana los papeles femeninos eran representados por muchachos, lo más probable es que Shakespeare estuviese pensando más bien en el teatro inglés de su época, en el que se daba la misma circunstancia.

MENENIO
Admirable.
SENADOR 1.°
Le viene a la medida
el honor que le hemos reservado.
COMINIO
El botín lo rechazó y las cosas más preciadas
le parecían inmunda basura. Quiere menos
para sí de lo que da la avaricia,
se premia sus acciones realizándolas
y se contenta con pasar el tiempo
[aprovechándolo.
MENENIO
Su nobleza está probada. Que entre.
SENADOR 1.°
Llamad a Coriolano.
UJIER
Aquí comparece.

Entra CORIOLANO.

MENENIO
Coriolano, el Senado
se complace en nombrarte cónsul.
CORIOLANO
Suyos son mi vida y mis servicios.
MENENIO
Ahora sólo tienes que hablarle al pueblo.
CORIOLANO
Os lo ruego, dispensadme de este uso.
No puedo vestir la toga, mostrar la piel
y, en nombre de mis heridas, implorar su voto.
Os lo suplico, excusadme de hacerlo.

SICINIO

Señor, es un derecho del pueblo.
No cederán en nada a este ceremonial.

MENENIO

No los provoques. Atente a la costumbre
y, como tus predecesores,
recibe los honores con las formas.

CORIOLANO

No puedo hacer ese papel sin sonrojarme;
es algo que se podría quitar al pueblo.

BRUTO [*a* SICINIO]

Toma nota.

CORIOLANO

Jactarme ante ellos: «He hecho esto y lo otro»;
enseñarles cicatrices apagadas
que no debo lucir, cual si sólo las hubiese
recibido por el pago de sus votos...

MENENIO

No insistas. Tribunos, os encomendamos
que expongáis al pueblo nuestra decisión;
y a nuestro noble cónsul deseamos
¡dicha y honra!

SENADORES

¡Dicha y honra a Coriolano!

Suenan las trompas. Salen todos. Quedan SICINIO *y* BRUTO.

BRUTO

Ya ves lo que piensa hacer con el pueblo.

SICINIO

¡Ojalá le calen la intención!
Les va a pedir el voto como si le repugnase
su derecho a conceder lo que les pide.

BRUTO

Vamos a contarles lo tratado.
Sé que nos esperan en el foro.

Salen.

II.iii *Entran siete u ocho* CIUDADANOS.

CIUDADANO 1.º

Si nos pide el voto no debemos negárselo.

CIUDADANO 2.º

Podemos si queremos.

CIUDADANO 3.º

El derecho lo tenemos, pero es un derecho que no tenemos derecho a ejercer; pues si nos enseña sus heridas y nos cuenta sus hazañas debemos poner nuestra lengua en sus heridas y hablar en su favor. Así que, si nos habla de sus nobles hechos, nosotros también debemos hablarle de nuestra noble aceptación. La ingratitud es monstruosa, y si la multitud fuese ingrata se volvería un monstruo; y nosotros, siendo miembros de ella, nos convertiríamos en miembros monstruosos.

CIUDADANO 1.º

No nos tendrán por nada mejor a poco que hagamos, que, cuando nos plantamos por lo del trigo, él no tuvo empacho en llamarnos la multitud de las mil cabezas.

CIUDADANO 3.º

Eso nos lo han dicho muchos, y no porque unos tengamos la cabeza rubia y otros castaña, oscura o calva, sino porque todos tenemos las ideas de muy diversos colores. A decir verdad, creo que si todas nuestras ideas fuesen a salir de un solo cráneo, se esparcirían hacia el este, oeste, norte y sur, y que, si todas acordasen marchar en una dirección, sería para ir en todas las direcciones de la rosa de los vientos.

CIUDADANO 2.º

Ah, ¿sí? ¿Y qué dirección crees tú que seguirían mis ideas?

CIUDADANO 3.º

Pues primero tardarían en salir más que las ajenas, porque están incrustadas en un zoquete; pero, una vez fuera, seguro que irían hacia el sur.

CIUDADANO 2.º

¿Y por qué para allá?

CIUDADANO 3.º

Para perderse en la niebla; y, cuando las tres cuartas partes se hubieran disuelto en las brumas malsanas, la otra volvería, con la conciencia contrita, para ayudarte a buscar esposa.

CIUDADANO 2.º

Tú siempre con tus bromas. Está bien, está bien.

CIUDADANO 3.º

¿Estáis todos decididos a darle vuestro voto? Si no, no importa: basta con la mayoría. Por mi parte, os digo que, si él estuviese con el pueblo, no habría hombre más digno.

Entra CORIOLANO, *vestido con la toga de humildad, en compañía de* MENENIO.

Aquí viene, vestido con la toga de humildad. Observad su conducta. No nos quedemos todos juntos; nos acercaremos a él uno a uno, o en grupos de dos o de tres. Él tiene que hacernos la petición individualmente; así cada uno tendrá el privilegio de darle su propio voto con voz propia. Conque seguidme, y os diré cómo debéis presentaros.

TODOS

Muy bien. De acuerdo.

[*Salen.*]

MENENIO

Te equivocas. ¿No sabes que lo han hecho
los hombres más ilustres?

CORIOLANO

¿Qué hay que decir? «Señor, te ruego...».
¡Mala peste...! Mi lengua no sabe
llevar este paso. «Señor, mira mis heridas.
Las recibí sirviendo a la patria,
cuando algunos de los tuyos huían berreando
al oír redoblar nuestros propios tambores».

MENENIO

¡Los dioses me asistan! Eso no lo digas.
Tienes que pedirles que se acuerden de ti.

CORIOLANO

¿Que se acuerden de mí? ¡Que los cuelguen!
Ojalá me olvidasen, como olvidan las virtudes
que los sacerdotes en vano les predican.

MENENIO

Lo echarás a perder.
Te dejo. Por lo que más quieras,
háblales con buena cara.

Sale.
Entran tres CIUDADANOS.

CORIOLANO

Que se laven ellos la suya y se limpien
los dientes. Aquí viene una pareja.—
Señor, ya sabes por qué estoy aquí.

CIUDADANO 3.º

Sí, señor. Dinos lo que te ha llevado a ello.

CORIOLANO

Mis méritos.

CIUDADANO 2.º

¿Tus méritos?

CORIOLANO

Sí, y no mi deseo.

CIUDADANO 3.º

¡Cómo! ¿Tu deseo no?

CORIOLANO

No, señor. Jamás fue mi deseo molestar a los pobres pidiéndoles limosna.

CIUDADANO 3.º

Ten en cuenta que si te damos algo es porque esperamos salir ganando.

CORIOLANO

Muy bien. Decidme. ¿Qué precio le ponéis al consulado?

CIUDADANO 1.º

El precio es pedirlo amablemente.

CORIOLANO

Señor, te pido amablemente que me lo des. Tengo heridas que enseñarte, pero lo haré en privado. Señor, tu voto. ¿Qué me dices?

CIUDADANO 2.º

Tuyo es, noble señor.

CORIOLANO

Trato hecho. En total ya van mendigados dos votos. Los dioses os lo paguen. Adiós.

CIUDADANO 3.º

Todo esto es un poco raro.

CIUDADANO 1.º

Si tuviera que dárselo otra vez..., pero no importa.

Salen.
Entran otros dos CIUDADANOS.

CORIOLANO

Haced el favor. Si el que yo pueda ser cónsul se aviene con vuestro voto, aquí me tenéis vestido según la costumbre.

CIUDADANO 4.º

Mereces el agradecimiento de la patria y no lo mereces.

CORIOLANO

A ver ese enigma.

CIUDADANO 4.º

Has sido el azote de sus enemigos y el látigo de sus amigos. La verdad es que no has querido al pueblo llano.

CORIOLANO

Más mérito debierais ver en mí, que no me allano con mi afecto. Señor, yo adularé a mi amigo leal, el pueblo, para ganarme su cariño; es un rasgo que consideran noble. Y, como el acierto de su elección consiste en preferir el sombrero al corazón, ejerceré la inclinación zalamera y me descubriré histriónicamente. Es decir, que imitaré los encantos de los amigos del pueblo, y al que quiera se los daré con toda largueza. Os lo ruego, dejadme que sea cónsul.

CIUDADANO 5.º

Esperamos encontrar en ti a un amigo y te damos nuestro voto de todo corazón.

CIUDADANO 4.º

Tú has recibido muchas heridas por la patria.

CORIOLANO

No te las voy a enseñar para confirmar lo que ya sabes. Tendré muy en cuenta vuestro voto y no os molestaré más.

LOS DOS [CIUDADANOS]

De todo corazón, que los dioses te den felicidad.

[*Salen.*]

CORIOLANO

¡Queridísimos votos!
Prefiero pasar hambre o caer vencido
a mendigar el sueldo merecido.
¿Por qué he de disfrazarme de cordero
pidiendo un voto ocioso al que primero
se presente? Lo exige la costumbre.
Si fuera a convertirse en servidumbre,
el polvo antiguo no se barrería
y el cúmulo de errores cubriría
toda verdad. Quien quiera hacer de actor,
por mí que gane el cargo y el honor
con esta farsa. Es medio camino:
pasé un mal trago; otro, y ya termino.

Entran otros tres CIUDADANOS.

Aquí vienen más votos.
¡Vuestros votos! Por vuestros votos luché,
por vuestros votos velé; por vuestros votos sufrí
crueles heridas sin fin; me han visto y oído
en dieciocho batallas; por vuestros votos
se explican mis proezas, las grandes y pequeñas.
¡Vuestros votos! Quiero ser cónsul.

CIUDADANO 6.º
Se ha portado noblemente, y ningún hombre honrado le puede negar su voto.

CIUDADANO 7.º
Pues que sea cónsul. Los dioses le den felicidad y hagan de él un buen amigo del pueblo.

TODOS [LOS CIUDADANOS]
Así sea. ¡Dios te guarde, noble cónsul!

[*Salen.*]

CORIOLANO
¡Nobles votos!

Entra MENENIO *con* BRUTO *y* SICINIO.

MENENIO
Has pasado la prueba, y los tribunos
te confieren el voto del pueblo. Sólo resta
que, portando las insignias oficiales,
comparezcas ahora ante el Senado.

CORIOLANO
Entonces, ¿ya está?

SICINIO
La costumbre de la petición está cumplida.
El pueblo te acepta y está convocado
para que al punto ratifique la elección.

CORIOLANO

¿Dónde? ¿En el Senado?

SICINIO

Sí, Coriolano.

CORIOLANO

¿Puedo quitarme esta ropa?

SICINIO

Puedes, señor.

CORIOLANO

Voy a hacerlo ya y, en cuanto me conozca,
saldré para el Senado.

MENENIO

Te acompaño. ¿Venís vosotros?

BRUTO

Nos quedamos a esperar al pueblo.

SICINIO

Adiós.

Salen CORIOLANO *y* MENENIO.

Ya lo tiene, y parece animado.

BRUTO

Animado de soberbia ha vestido
la toga de humildad. ¿Despedimos al pueblo?

Entran los plebeyos.

SICINIO

¿Qué hay, señores? ¿Habéis elegido a este hombre?

CIUDADANO 1.º

Tiene nuestro voto.

BRUTO

Quieran los dioses que merezca vuestro afecto.

CIUDADANO 2.º
Así sea. En mi humilde opinión
se burló de nosotros al pedir el voto.

CIUDADANO 3.º
Desde luego. Nos despreció de plano.

CIUDADANO 1.º
No: es su manera de hablar. No se burló.

CIUDADANO 2.º
Todos menos tú dicen que nos despreció.
Tenía que haber mostrado sus marcas meritorias,
las heridas que recibió por la patria.

SICINIO
Pues eso es lo que hizo, ¿no?

TODOS [LOS CIUDADANOS]
No, no. Nadie las vio.

CIUDADANO 3.º
Dijo que las enseñaría en privado;
descubriéndose con un gesto de desprecio,
decía: «Quiero ser cónsul. La antigua costumbre
no me lo permite si no es con vuestro voto.
Conque, vuestro voto». Cuando se lo dimos,
nos viene con: «Gracias por el voto. Gracias,
queridísimo voto. Y ahora que lo tengo,
ya no quiero nada con vosotros». ¿No era burla?

SICINIO
Pero, ¿cómo fuisteis tan simples para no verlo
o, viéndolo, tan confiados e inocentes
para darle vuestro voto?

BRUTO
¿No pudisteis decirle, como se os enseñó,
que, cuando no tenía poder y no era más
que un servidor del Estado, fue vuestro enemigo,
opuesto a libertades y derechos que tenéis

en la república; y que ahora, con un puesto
de mando y poderío en el Estado,
si se obstinase en seguir siendo
enemigo declarado del pueblo
vuestro voto sería vuestra ruina?
Teníais que haberle dicho
que, si sus nobles hazañas eran dignas
de lo que pedía, su natural gentileza
debía recordaros por el voto concedido
y convertir su aversión en afecto,
quedando así vuestro amigo y señor.

SICINIO

Si le hubierais dicho lo que se os aconsejó,
le habríais probado y sondeado
y le habríais arrancado la noble promesa,
que, en caso necesario, le obligabais a cumplir;
o bien, le habríais crispado el mal carácter,
que no soporta condición que le vincule,
y así, al haberle enfurecido,
os habríais aprovechado de su cólera
para dejarle sin el voto.

BRUTO

Si habéis visto que, necesitando vuestro afecto,
hacía la petición con todo su desdén,
¿no creéis que su desdén será nefasto
cuando tenga poder para aplastaros?
Pero, ¿es que ninguno tenía decisión?
¿O es que vuestra boca sólo grita
contra el dictado de la razón?

SICINIO

¿Así que antes negasteis vuestro voto
a quien os lo pidió, y ahora lo otorgáis
al que no lo pide y encima se burla?

CIUDADANO 3.º

No está ratificado. Todavía podemos negárselo.

CIUDADANO 2.º

Y vamos a negárselo.
Yo cuento con quinientos votos.

CIUDADANO 1.º

Y yo con el doble, más los de sus amigos.

BRUTO

Corred a decirles a vuestros amigos
que el cónsul que han votado va a quitarles
sus derechos y dejarlos sin más voz
que la de un perro, al cual se le tiene porque ladra
y luego se le pega por hacerlo.

SICINIO

Que se reúnan y, con mejor acuerdo,
revoquen su elección irreflexiva.
Insistid en su arrogancia y en su odio
por vosotros. No dejéis de mencionar
con qué desdén vistió la toga de humildad,
cómo os despreció en su petición;
y que, recordando sus servicios, vuestro afecto
os impidió advertir su actitud, que él adoptó
con menosprecio y sin decoro, a la medida
del odio inveterado que os profesa.

BRUTO

Culpadnos a nosotros, los tribunos.
Hablad de nuestro afán por quitar impedimentos
que estorbasen su elección.

SICINIO

Decid que, cuando le votasteis, os guió
más bien nuestro mandato que vuestros sentimientos,
y que vuestro ánimo,
más atento al deber que a lo debido,

os hizo votarle a disgusto.
Echadnos la culpa a nosotros.

BRUTO

No nos excuséis. Decid que os arengamos
para contaros que, ya de muy pequeño,
servía a su patria; el tiempo que lleva;
su linaje, la muy noble Casa de los Marcios,
de la que desciende Anco Marcio, nieto de Numa,
que fue nuestro rey después del gran Hostilio;
de la que nacieron Publio y Quinto,
cuyos acueductos nos traen el agua mejor;
y su gran antepasado Censorino,
de noble sobrenombre, y muy digno de él
por haber sido dos veces censor.

SICINIO

Decid que encomendamos a vuestro recuerdo
a un hombre de tal abolengo que, además,
se ha hecho acreedor a la suprema dignidad,
pero que habéis descubierto,
sopesando el hoy con el ayer,
que es vuestro enemigo jurado, y por eso
revocáis vuestra elección precipitada.

BRUTO

Decid que nunca lo habríais hecho
(esto recalcadlo bien) sin nuestra influencia
y, en cuanto tengáis un buen número,
encaminaos al Capitolio.

TODOS [LOS CIUDADANOS]

Allá iremos. Casi todos están arrepentidos.

Salen.

BRUTO

Que no se detengan. Más vale arriesgar
esta revuelta que esperar una mayor.
Si, como es propio de él,
se enfurece por la revocación,
observa y aprovecha la ventaja de su cólera.

SICINIO

Al Capitolio, vamos.
Hay que adelantarse al torrente popular,
y así, lo que hemos provocado
parecerá obra suya, como en parte lo es.

Salen.

III.i *Suenan las trompas. Entran* CORIOLANO, MENENIO *y los patricios, con* COMINIO, *Tito* LARCIO *y otros* SENADORES.

CORIOLANO

¿Así que Aufidio ha reclutado otro ejército?

LARCIO

Sí, señor, y por eso
tuvimos que apresurar los acuerdos.

CORIOLANO

Entonces los volscos están como al principio,
dispuestos otra vez para invadirnos
en ocasión propicia.

COMINIO

Tan agotados están, cónsul, que no creo
que volvamos a ver ondear sus estandartes.

CORIOLANO

¿Viste a Aufidio?

LARCIO

Le di garantías y vino a verme. Maldijo
a los volscos por entregar tal vilmente
la ciudad. Se ha retirado a Ancio.

CORIOLANO

¿Habló de mí?

LARCIO

Sí, señor.

CORIOLANO

¿Qué dijo?

LARCIO

Habló de las veces que luchasteis cara a cara.
Dijo que a nadie en el mundo odiaba como a ti;
que empeñaría su fortuna sin esperar recobrarla
con tal de ser tu vencedor.

CORIOLANO

¿Y vive en Ancio?

LARCIO

Sí, en Ancio.

CORIOLANO

Ojalá tuviera ocasión de ir a buscarle
y oponer mi odio al suyo. Sé bienvenido.

Entran SICINIO *y* BRUTO.

Mira, ahí están los tribunos del pueblo,
las lenguas de la boca popular.
Los desprecio, porque alardean de su poder
tentando la paciencia de los nobles.

SICINIO

¡No sigas adelante!

CORIOLANO

¡Cómo! ¿Qué es esto?

Bruto
Sería peligroso seguir. Detente.
Coriolano
¿A qué viene este cambio?
Menenio
¿Qué pasa?
Cominio
¿No le han aceptado nobleza y pueblo?
Bruto
No, Cominio.
Coriolano
¿Me han votado los niños?
Senador 1.º
Apartaos, tribunos. Tiene que ir al foro.
Bruto
El pueblo está furioso contra él.
Sicinio
Alto, o habrá disturbios.
Coriolano
¿Es ése tu rebaño?
¿Tendrá derecho al voto quien lo da
y al instante lo retira? ¿Y vuestra misión?
Si sois sus bocas, gobernad sus dientes.
¿A que los habéis azuzado?
Menenio
Calma, calma.
Coriolano
Todo está maquinado; es una intriga
para frenar la voluntad de la nobleza.
Toleradlo, y tendréis que convivir
con quien no sabe ni se deja gobernar.
Bruto
No hables de intriga: el pueblo se queja

de que te has burlado de él; de que hace poco
te opusiste al reparto gratuito del trigo
y calumniaste a sus intercesores, llamándolos
aduladores, oportunistas y enemigos de los
[nobles.

CORIOLANO
Eso ya lo sabían.

BRUTO
Todos no.

CORIOLANO
Tú les llevarías la confidencia.

BRUTO
¡Cómo! ¿Yo un confidente?

COMINIO
Sirves para el oficio.

BRUTO
En todo caso, más que tú para el tuyo.

CORIOLANO
Entonces, ¿para qué quiero ser cónsul?
Por esas nubes, si no valgo más que tú,
que me hagan tribuno como a ti.

SICINIO
Estás haciendo alarde de esos aires
que sublevan al pueblo. Si quieres
llegar a tu destino, pregunta por la senda
que has errado con más cortesía
o nunca serás tan noble como un cónsul
ni podrás asociarte con él como tribuno.

MENENIO
Calma todos.

COMINIO
Han engañado y azuzado al pueblo. Roma
no es digna de estas mañas, ni Coriolano

merece que le estorben tan vilmente
el paso franco de sus méritos.

CORIOLANO
¡Y me salen con el trigo!
Eso es lo que dije y voy a repetirlo.

MENENIO
Ahora no, ahora no.

SENADOR 1.º
Y menos con esa furia.

CORIOLANO
Ahora sí, por mi vida.
Pido perdón a mis nobles amigos.—
Y que la plebe voluble y apestosa
me mire como a espejo que no halaga.
Lo repito: con tanta adulación cultivamos,
en perjuicio del Senado, la cizaña
de la sedición, la rebeldía y la insolencia,
labrando la tierra, esparciendo la semilla
y mezclándolos con nosotros, los señores,
que no carecemos de virtud ni de poder,
salvo la parte regalada a los mendigos.

MENENIO
Bueno, basta.

SENADOR 1.º
No sigas, te lo ruego.

CORIOLANO
¡Cómo que no siga! Así como he vertido
mi sangre por mi patria sin temer
al enemigo, así mis pulmones seguirán
hasta su muerte atacando a estos leprosos,
cuya infección, que a todos nos asquea,
quisimos tener asegurada.

BRUTO
Hablas del pueblo

cual si fueras un dios castigador
y no un mortal con sus flaquezas.

SICINIO
Convendría que informásemos al pueblo.

MENENIO
¿De qué? ¿De su cólera?

CORIOLANO
¡Cólera! Aunque estuviera tranquilo
como el sueño de la medianoche, por Júpiter,
sería de la misma opinión.

SICINIO
Es una opinión que debe
quedar como veneno donde está
y no seguir envenenando.

CORIOLANO
¡Debe! ¿Oís a este Tritón de pececillos?
¿Os fijáis en su categórico «debe»?

COMINIO
Se ha extralimitado.

CORIOLANO
¡Debe! ¡Oh, mis buenos pero ingenuos patricios!
¡Mis graves pero incautos senadores!
¿Dejáis que la Hidra elija un delegado,
la trompa y el ruido del monstruo,
que, con su rotundo «debe», tiene el valor
de decir que desviará vuestras aguas
y hará suyo vuestro cauce? Si tiene poder,
someted vuestra inconsciencia; si no, despertad
de blanduras temerarias. Si sois sabios,
no seáis como los necios; si no, que ocupen
asientos con vosotros. Plebeyos seréis
si son senadores, y no lo son menos
si, mezcladas ambas voces, el gusto dominante

lleva su sabor. Eligen a un magistrado como él,
que opone su «debe», su plebeyo «debe»,
a una cámara tan grave como nunca
viera Grecia. ¡Por Júpiter! Todo esto
envilece a los cónsules, y me hiere el alma
saber que, cuando rigen dos autoridades
y ninguna prevalece, el caos
no tardará en asomar entre las dos
y aniquilar a la una con la otra.

COMINIO

Bien, vamos al foro.

CORIOLANO

Y los que aconsejaron que el trigo del Estado
se repartiese gratis, como en Grecia...

MENENIO

Bueno, basta ya.

CORIOLANO

... aunque allá el pueblo tenía más poder,
digo que atizaron la desobediencia
y fomentaron la ruina del Estado.

BRUTO

¿Cómo va a dar el pueblo su voto
a quien habla así?

CORIOLANO

Yo le daré mis razones, más valiosas
que su voto. Que el trigo no fue su premio
ya lo saben, seguros de no haberlo merecido.
Reclutados, y en peligro la entraña del Estado,
se negaban a pasar de nuestras puertas;
esta clase de servicio no merecía
trigo gratis. En la guerra, el valor
se les iba en motines y revueltas
que no hablaban a su favor. Y de los cargos

que imputaban al Senado sin motivo
no podía nacer tan espléndido regalo.
Pues bien, ¿cómo digiere el vientre múltiple
la cortesía del Senado? Por sus actos
suponemos sus palabras: «Lo pedimos
nosotros. Somos mayoría, y de puro miedo
claudicaron». Así degradamos la virtud
de nuestro puesto y, dejando que la chusma
llame miedo al desvelo, saltarán los cerrojos
del Senado, y los cuervos entrarán
a darles picotazos a las águilas.

MENENIO

Vamos, ya basta.

BRUTO

Basta y sobra.

CORIOLANO

No, que aún falta.
Que todo lo divino y humano por lo que juramos
selle mis últimas palabras. Esta doble autoridad,
en la que una desprecia con motivo y la otra
ofende sin razón; en la que casta, juicio, títulos
no pueden decidir sin el sí o el no
de la común ignorancia, descuida
lo que es necesario y se entrega a lo trivial.
Estorbado todo objeto, ya nada
que se haga tiene objeto. Por tanto, oídme:
vosotros, que sois más prudentes que medrosos,
que amáis sobradamente la esencia del Estado
para temer su alteración; que preferís
vida noble a vida larga, y no dudáis en someter
a cura peligrosa a quien podéis
salvar de muerte cierta, ¡arrancad ya
la lengua multitudinaria! ¡Que no pueda

lamer la miel que es su veneno! Vuestra deshonra
quebranta la cordura y priva al Estado
de su justa integridad, dejándolo impotente
para hacer el bien que quiere
por culpa del mal que lo desborda.

BRUTO

Ya ha dicho bastante.

SICINIO

Ha hablado como un traidor
y habrá de responder como los traidores.

CORIOLANO

¡Que el despecho te consuma, desgraciado!
El pueblo, ¿qué puede hacer con estos
tribunos sin juicio? Dependiendo de ellos,
le niega obediencia a la cámara suprema.
Los eligieron en una revuelta, cuando era ley
lo necesario y no lo justo. Ya es hora
de que lo justo se declare necesario
y su poder se tire por los suelos.

BRUTO

¡Traición manifiesta!

SICINIO

¿Éste, cónsul? ¡No!

BRUTO

¡Eh, ediles!

Entra un edil.

¡Detenedlo!

SICINIO

Corre a llamar al pueblo,

[*Sale el edil.*]

en cuyo nombre te arresto por traidor,
subversivo y enemigo de la república.
Obedece y disponte a ser interrogado.

CORIOLANO
¡Atrás, vieja cabra!

TODOS [LOS PATRICIOS]
Nosotros respondemos por él.

COMINIO
No le toques, anciano.

CORIOLANO
¡Atrás, carroña, o te saco los huesos de la ropa!

SICINIO
¡Socorro, ciudadanos!

Entra una turba de plebeyos con los EDILES.

MENENIO
¡Calma las dos partes!

SICINIO
Aquí está el que quiere dejaros sin poder.

BRUTO
¡Prendedle, ediles!

TODOS [LOS CIUDADANOS]
¡Abajo! ¡Abajo!

SENADOR 2.º
¡Armas, armas, armas!

Todos se arremolinan en torno a CORIOLANO.

TODOS
¡Tribunos! ¡Patricios! ¡Ciudadanos! ¡Sicinio!
¡Bruto! ¡Coriolano! ¡Ciudadanos! ¡Silencio!
¡Silencio, silencio! ¡Alto! ¡Basta! ¡Silencio!

MENENIO

¿Qué va a pasar? Estoy sin aliento.
La ruina se acerca... No puedo hablar... Vosotros,
tribunos del pueblo... ¡Calma, Coriolano!
Habla, buen Sicinio.

SICINIO

¡Pueblo, escuchadme! ¡Silencio!

TODOS [LOS CIUDADANOS]

¡Oigamos a nuestro tribuno! ¡Silencio!
¡Habla, habla, habla!

SICINIO

Estáis a punto de perder vuestros derechos.
Marcio quiere quitároslos todos; Marcio,
al que acabáis de elegir cónsul.

MENENIO

¡No, no, no! Así es
como se excita, no como se calma.

SENADOR 1.º

Como se arruina a la ciudad y todo se derriba.

SICINIO

¿Y qué es la ciudad sino el pueblo?

TODOS [LOS CIUDADANOS]

Eso, el pueblo es la ciudad.

BRUTO

Por acuerdo de todos fuimos elegidos
tribunos del pueblo.

TODOS [LOS CIUDADANOS]

Y lo seguiréis siendo.

MENENIO

Lo más probable.

COMINIO

Así es como se arrasa la ciudad,
como se hunde el tejado en los cimientos

y se entierra lo que aún sobresale
bajo un montón de escombros.

SICINIO
Merece la muerte.

BRUTO
O hacemos valer nuestro poder
o lo perdemos.— En nombre del pueblo,
que nos eligió para representarle,
declaramos a Marcio reo de muerte inmediata.

SICINIO
Así que prendedle, llevadle a la roca Tarpeya[15]
y despeñadle.

BRUTO
¡Ediles, arrestadle!

TODOS [LOS CIUDADANOS]
¡Ríndete, Marcio, ríndete!

MENENIO
Dejadme hablar un momento, tribunos.
Os lo ruego, sólo un momento.

EDILES
¡Silencio, silencio!

MENENIO
Sé el que pareces, el amigo verdadero
de tu patria, y emprende con mesura
lo que quieres corregir por la violencia.

BRUTO
Señor, esos métodos templados, que parecen
remedios prudentes, son nefastos
cuando el mal es tan violento.— ¡Prendedle
y llevadle a la roca!

---

[15] En la antigua Roma, roca y fortaleza capitolina, desde la cual se despeñaba a los traidores.

CORIOLANO *desenvaina la espada.*

CORIOLANO
¡No, moriré aquí!
Algunos de vosotros sabéis cómo peleo.
Probad en vuestra piel lo que habéis visto.

MENENIO
¡Abajo esa espada! Tribunos,
retiraos un momento.

BRUTO
¡Prendedle!

MENENIO
¡Ayudad a Marcio, ayudadle! ¡Vosotros,
nobles, viejos y jóvenes, ayudadle!

TODOS [LOS CIUDADANOS]
¡Abajo Marcio, abajo Marcio!

En el tumulto los TRIBUNOS, *los* EDILES *y el pueblo son rechazados y salen.*

MENENIO
Vamos, vete a tu casa. ¡Vamos, deprisa!
Si no, será la ruina.

SENADOR 2.º
¡Vete!

CORIOLANO
Manteneos firmes.
Tenemos tantos amigos como enemigos.

MENENIO
¿Hay que llevarlo a ese extremo?

SENADOR 1.º
No lo permitan los dioses.
Te lo ruego, noble amigo, vete a casa.
Nosotros curaremos este mal.

MENENIO
Es una herida que tú no puedes tratar.
¡Vete ya!
COMINIO
Vamos, señor, vente con nosotros.
CORIOLANO
Ojalá fuesen bárbaros, que es lo que son,
aunque paridos en Roma, y no romanos,
que no son, aunque nacieran
en el pórtico del Capitolio.
MENENIO
¡Vete! No confíes tu noble cólera a tu lengua.
El tiempo lo arreglará.
CORIOLANO
A campo abierto aplastaría a cuarenta.
MENENIO
Yo podría ocuparme de dos de los mejores;
eso, los dos tribunos.
COMINIO
Pero ahora desafían la aritmética,
y no es hombría, sino locura,
enfrentarse a un edificio que se hunde.
Marchaos antes que vuelva la canalla,
cuya furia desgarra como aguas contenidas
y arrolla lo que antes soportaba.
MENENIO
Anda, vete. Veamos si aceptan mi ingenio
quienes tienen el suyo tan escaso.
El roto habrá que arreglarlo
con tela de cualquier color.
COMINIO
Venga, vamos ya.

Salen CORIOLANO *y* COMINIO.

PATRICIO
Este hombre ha arruinado su fortuna.
MENENIO
Es demasiado noble para el mundo.
A Neptuno no le adularía por el tridente
ni a Júpiter por el trueno. Lleva el corazón
en la boca. Lo que se forja en su pecho
lo lanza su lengua y, si está enfurecido,
se le olvida el nombre de la muerte.

Ruido dentro.

¡La que están armando!
PATRICIO
¡Ojalá estuviesen acostados!
MENENIO
¡Ojalá estuviesen en el Tíber!
¿Por qué diablos no pudo estar más amable?

Entran BRUTO *y* SICINIO *con la plebe.*

SICINIO
¿Dónde está esa víbora que quiere despoblar
la ciudad y convertirse en todo el mundo?
MENENIO
Nobles tribunos...
SICINIO
Será despeñado desde la roca Tarpeya
por brazos implacables. Se opuso a la ley,
y ahora la ley le negará todo juicio
que no sea el rigor del poder popular
que tanto menosprecia.

CIUDADANO 1.º
Se va a enterar de que los nobles tribunos
son las bocas del pueblo y nosotros, sus brazos.

TODOS [LOS CIUDADANOS]
Eso, desde luego.

MENENIO
¡Bueno, bueno!

SICINIO
¡Silencio!

MENENIO
No entréis a degüello cuando debierais
limitar vuestro poder de castigo.

SICINIO
¿Y tú por qué le has ayudado a escapar?

MENENIO
¡Escuchadme! Así como conozco los méritos
del cónsul, también sé decir sus defectos.

SICINIO
¡Cónsul! ¿Qué cónsul?

MENENIO
El cónsul Coriolano.

BRUTO
¿Ése, cónsul?

TODOS [LOS CIUDADANOS]
No, no, no, no.

MENENIO
Si, con la venia de los tribunos y la vuestra,
pueblo honrado, puedo hablar, quisiera
decir unas palabras, que no os harán más daño
que el tiempo perdido en escucharlas.

SICINIO
Pues sé breve, que estamos decididos
a acabar con esa víbora traidora.

Expulsarle sería un riesgo y tenerle aquí,
la muerte segura. Por tanto, se ha decretado
que muera esta noche.

MENENIO

No permitan los dioses clementes
que nuestra ilustre Roma, cuya gratitud
a sus hijos eminentes está inscrita
en el libro de Júpiter, devore
a sus crías como madre sin entrañas.

SICINIO

Él es un mal que hay que extirpar.

MENENIO

No: es un miembro afectado por un mal.
Cortarlo sería fatal; curarlo, cosa fácil.
¿Qué le ha hecho a Roma que merezca la muerte?
Matando enemigos, la sangre que ha perdido
(y puedo aseguraros que supera con mucho
a la que lleva) la vertió por su patria;
perder la que le queda a manos de su patria
sería para todos, agentes o testigos mudos,
un baldón hasta el fin de los siglos.

SICINIO

Todo eso es falso.

BRUTO

Y retorcido. Cuando quiso a su patria,
ésta le honró.

SICINIO

Al pie gangrenado no se le respetan
anteriores servicios.

BRUTO

Basta de palabras. Id a su casa
y sacadle de allí antes que su mal
se extienda y contagie.

Menenio

Un momento, sólo un momento.
Cuando vuestra cólera, veloz como el tigre,
vea el daño de esta irreflexión, no podrá atarse
plomo a los talones. Sometedle a juicio;
que no estallen los bandos (pues él tiene adeptos)
y la gran Roma acabe saqueada por romanos.

Bruto

Si así fuese...

Sicinio

¿Para qué hablar? ¿No nos ha hecho probar
su docilidad golpeando a los ediles,
oponiéndose a nosotros? ¡Vamos!

Menenio

Ten esto en cuenta: se crió en la guerra
desde que supo empuñar una espada
y no está enseñado a refinar su lenguaje:
lo lanza todo junto, el grano y la paja.
Permitidme que vaya a buscarle; me propongo
traerle y que se someta a la vía legal,
pacíficamente, exponiéndose a todo.

Senador 1.º

Nobles tribunos, es el modo humano;
el otro camino sería muy cruento
y nadie sabría adónde conduce.

Sicinio

Noble Menenio, ve como enviado del pueblo.
Ciudadanos, deponed las armas.

Bruto

No os vayáis a casa.

Sicinio

Congregaos en el foro; allí os esperamos.—
Si no traes a Marcio, seguiremos el otro camino.

MENENIO
Os lo traeré.—
[*A los* SENADORES] ¿Queréis acompañarme?
Hay que traerle o vendrá lo peor.

SENADOR 1.º
Desde luego. Vamos a su casa.

Salen todos.

III.ii *Entra* CORIOLANO *con algunos patricios.*

CORIOLANO
Que todo lo derriben sobre mi cabeza,
me condenen a morir en el potro,
me descuarticen con caballos salvajes
o apilen montañas sobre la roca Tarpeya
hasta que el fondo del abismo
se pierda de vista. Seré el mismo con ellos.

Entra VOLUMNIA.

PATRICIO
Más noble serás.

CORIOLANO
Me asombra que mi madre no me apoye:
los llamaba esclavos de arpillera,
creados para vender y comprar al céntimo,
para estar en las reuniones a cabeza descubierta[16],
bostezar, quedar callados y asombrarse

---

[16] Shakespeare está pensando más bien en los usos de sus contemporáneos, para quienes sería impropio presentarse sin cubrirse la cabeza con sombrero.

cuando alguien de mi rango se levanta
para hablar de paz o de guerra.— Hablo de ti.
¿Por qué me quieres más blando?
¿Quieres que traicione mi carácter?
¿Por qué no dices que actúo como soy?

VOLUMNIA

¡Bueno, bueno, bueno! Tenías que haber llevado
bien puesto el poder antes de gastarlo.

CORIOLANO

¡Basta!

VOLUMNIA

Habrías podido ser el mismo procurando
serlo menos, y menor estorbo habría sufrido
tu intención si tú no se la hubieras revelado
cuando aún tenían poder para estorbarte.

CORIOLANO

¡Que los cuelguen!

VOLUMNIA

¡Eso, y que los quemen!

Entra MENENIO *con los* SENADORES.

MENENIO

Muy mal. Has estado brusco, demasiado brusco.
Tienes que volver y repararlo.

SENADOR 1.º

No hay más remedio. Si no lo haces,
la ciudad se partirá en dos y se hundirá.

VOLUMNIA

Atiende, te lo ruego.
Yo tengo un corazón tan firme como el tuyo,
pero también un cerebro que me enseña
a sacar mejor partido de mi cólera.

Menenio

Muy bien dicho, noble señora.
Antes de dejar que se humille ante el rebaño
me pondría la coraza, que apenas puedo llevar,
si no fuera porque este ramalazo
exige este remedio a la salud del Estado.

Coriolano

¿Qué tengo que hacer?

Menenio

Presentarte a los tribunos.

Coriolano

Bien, ¿qué más, qué más?

Menenio

Retirar lo dicho.

Coriolano

¿Ante ellos? ¿No puedo hacerlo ante los dioses
y voy a hacerlo ante ellos?

Volumnia

Eres demasiado rotundo.
Nunca pecarás por exceso de nobleza,
salvo en momentos de peligro. Tú decías
que el honor y la estrategia marchan juntos
en la guerra como amigos entrañables.
Si es así, dime qué se pierde
juntándolos en tiempo de paz.

Coriolano

¡Calla, calla!

Menenio

Buena pregunta.

Volumnia

Si en la guerra, fingiendo ser el que no eres,
el honor te permite una estrategia
que te conduzca a tus fines, ¿cómo va a ser menos

que honor y estrategia se asocien en la paz
cuando es tan necesario en una como en otra?

CORIOLANO

¿Por qué te empeñas?

VOLUMNIA

Porque te corresponde hablarle al pueblo,
no según tus convicciones, ni los impulsos
de tu ánimo, sino diciendo las palabras
de memoria, aunque sean tan bastardas
que repugnen a tu pecho. Mayor deshonra no es
que capturar una ciudad con palabras suaves,
cuando no hacerlo te pondría en peligro
y costaría un baño de sangre.
Yo encubriría mi carácter si, estando en juego
mi suerte y mis amigos, el honor
así lo requiriese. Aquí soy yo
tu esposa e hijo, los patricios,
estos senadores. Mas tú insistes
en mostrar tu fiereza a los patanes
en vez de simular una fineza
para ganarte su afecto y evitar
lo que, sin él, sería la ruina.

MENENIO

¡Noble señora! — Vamos, ven.
Habla con mesura. Así no sólo podrás
remediar el peligro presente,
sino ganar el terreno perdido.

VOLUMNIA

Anda, hijo, preséntate a ellos sombrero en mano;
entonces dales gusto: con la rodilla besa las piedras
(que el gesto es la elocuencia en estos casos,
y el ojo del profano, más sabio que su oído),
agacha la cabeza y, así, ¿ves?,

humilla tu pecho orgulloso, más blando
que una mora en sazón que se deshace
al tocarla. Diles también que tú eres
su guerrero y que, forjado en las batallas,
no tienes los modales que, como confiesas,
es justo mostrar, como justo es exigirlos
cuando se pide su afecto y que, de verdad,
te amoldarás a ellos desde ahora
hasta el límite de todas tus fuerzas.

MENENIO

Haz como dice y tuyos serán sus corazones,
pues, si se lo pides, te dan su perdón
con tanta largueza como cuando hablan por hablar.

VOLUMNIA

Anda, ve y hazme caso, aunque sé
que prefieres perseguir a tu enemigo
hasta el fondo del infierno
antes que adularle bajo un árbol.

Entra COMINIO.

Aquí está Cominio.

COMINIO

Vengo del foro. Si no te aseguras fuerte apoyo,
tendrás que defenderte con la mesura
o con la huida. Están al rojo.

MENENIO

Mejor la mesura.

COMINIO

Creo que bastará, si sabe amoldarse.

VOLUMNIA

Tiene que hacerlo y lo hará.
Anda, di que sí y corre a hacerlo.

CORIOLANO

¿Tengo que mostrarles la cabeza descubierta?[17]
¿Tendré que renegar de mi noble corazón
con mi ruin lengua y pedirle que lo sufra?
Bien, lo haré. Aunque si fuese por perder
este puñado de barro, esta figura de Marcio,
que me reduzcan a polvo y me dispersen al
[viento.
¡Al foro! Me habéis impuesto un papel
que no sabré representar al vivo.

COMINIO

Vamos, seremos tus apuntadores.

VOLUMNIA

Querido hijo, si decías que mis elogios
te convirtieron en soldado,
para seguir mereciéndolos ahora
representa un papel que nunca has hecho.

CORIOLANO

Bien, tengo que hacerlo. ¡Atrás, naturaleza!
¡Que me posea un espíritu servil!
Que mi voz de guerrero, que vibraba
al tono del tambor, se vuelva atiplada
cual la de un eunuco o la de una niña
que duerme a su muñeca. Acampe en mi rostro
la sonrisa del lacayo y lágrimas de niño
aneguen mis ojos. Muévase en mi boca
la lengua del mendigo y mi rodilla acorazada,
que sólo se doblaba en el estribo,
se pliegue como la del pobre
que recibe una limosna... ¡No quiero!
¡Acabaré por deshonrar mi integridad

[17] Véase nota anterior.

y mis gestos y ademanes me imbuirán
de la bajeza más inconmovible!

VOLUMNIA

A tu gusto. A mí más me deshonra suplicarte
que a ti pedirles nada. Que todo sucumba.
Tu madre sufrirá tu soberbia
antes que temer tu arriesgada obstinación,
pues me burlo de la muerte con un pecho
tan grande como el tuyo. Haz lo que quieras.
Mío es tu valor: de mí lo mamaste;
ahora quédate con tu soberbia.

CORIOLANO

Cálmate, madre, no me riñas. Voy al foro.
Seré el embaucador de su cariño,
me ganaré su corazón y volveré
querido por todos los gremios de Roma.
Mira, allá voy. Encomiéndame a mi esposa.
O vuelvo cónsul, o nunca más te fíes
de los halagos de mi lengua.

VOLUMNIA

Haz lo que te plazca.

Sale.

COMINIO

Vamos. Te esperan los tribunos.
Ármate de mesura para responderles.
Tienen preparados cargos contra ti;
por lo visto, ahora más graves.

CORIOLANO

La consigna es «mesura». Anda, vamos.
Que forjen acusaciones; yo les responderé
con la voz de mi honor.

MENENIO

Sí, pero con mesura.

CORIOLANO

Muy bien, pues con mesura; con mesura.

Salen.

III.iii *Entran* BRUTO *y* SICINIO.

BRUTO

Atácale a fondo en este punto, diciendo
que aspira al poder absoluto. Si lo evade,
acósale con su odio al pueblo y añade
que el botín de los anciates no se repartió.

Entra un EDIL.

¿Qué, va a venir?

EDIL

Ya viene.

BRUTO

¿Quién le acompaña?

EDIL

El viejo Menenio y los senadores
que siempre le apoyaron.

SICINIO

¿Tienes la lista de los votos conseguidos,
con los nombres?

EDIL

Sí, ya está.

SICINIO

¿Los has recogido por tribus?[18]

EDIL

Sí.

SICINIO

Reúne aquí al pueblo en seguida
y, cuando me oigan decir «Cúmplase
por derecho y poder popular», ya sea
por muerte, sanción o destierro, si digo
«Sanción», que griten «Sanción», si digo
«Muerte», que griten «Muerte», insistiendo
en los viejos derechos y la justicia del caso.

EDIL

Serán informados.

BRUTO

Y, una vez que hayan empezado a gritar,
que no paren, y, con gran alboroto,
exijan el inmediato cumplimiento
de lo que se decida.

EDIL

Muy bien.

SICINIO

Procura que sean muchos y que atiendan
a la señal que vayamos a darles.

BRUTO

Manos a la obra.—

[*Sale el* EDIL.]

---

[18] La *tribus* (de donde seguramente procede *tribunus*) era una división del pueblo romano. La votación se efectuaba normalmente por centurias, pero, como los patricios dominaban en 98 de las 193, los tribunos habrían perdido por este sistema. Por eso organizaron una votación por «tribus», ya que en ellas el pueblo estaba en mayoría.

Sácale de quicio en seguida. Está
acostumbrado a dominar y contradecir.
Una vez desbocado, no hay quien lo frene:
dice lo que siente y así, con nuestra ayuda,
se estrellará.

Entran CORIOLANO, MENENIO *y* COMINIO, *con otros.*

SICINIO
Pues aquí está.

MENENIO
Con calma, te lo ruego.

CORIOLANO
Sí, como el mozo de cuadra, que por una moneda
soporta una sarta de injurias.—
[*A los tribunos*] Que los dioses venerados
protejan a Roma y destinen hombres dignos
al sitial de la justicia. Que implanten
la concordia y llenen los templos
de escenas de paz, y no las calles de guerras.

SENADOR 1.º
Así sea.

MENENIO
Noble deseo.

Entra el EDIL *con los plebeyos.*

SICINIO
Acercaos, pueblo.

EDIL
Escuchad a los tribunos. Prestad atención. ¡Silencio!

CORIOLANO
Dejadme hablar primero.

Los dos Tribunos
Bien, habla. ¡Silencio!

Coriolano
¿Habrá más acusaciones?
¿Acabará todo aquí?

Sicinio
Respóndeme: ¿Te sometes al voto del pueblo,
reconoces a sus delegados y aceptas la sanción
por los cargos que se te puedan probar?

Coriolano
Sí, acepto.

Menenio
Ya veis, ciudadanos, dice que acepta.
Tened en cuenta sus hechos de armas.
Pensad en las heridas de su cuerpo,
semejantes a tumbas de un cementerio.

Coriolano
Rasguños de zarzas, cicatrices
que sólo mueven a risa.

Menenio
Considerad que cuando no habla
como un ciudadano, oís al soldado. No toméis
sus broncos acentos por sonidos de odio,
sino que son, repito, modales de soldado,
no la expresión de su odio por vosotros.

Cominio
Bueno, bueno. Ya basta.

Coriolano
¿Por qué razón, recién elegido cónsul
con el apoyo general, se me deshonra
negándome el voto?

Sicinio
Limítate a responder.

CORIOLANO

Es verdad. Tienes razón.

SICINIO

Te acusamos de haber intrigado para privar
a Roma de instituciones consagradas
y para ir haciéndote con el poder absoluto,
por lo cual te declaramos traidor al pueblo.

CORIOLANO

¡Cómo «traidor»!

MENENIO

Moderación. Lo prometiste.

CORIOLANO

¡Las llamas del infierno se traguen al pueblo!
«¡Traidor!». ¡Tribuno maldiciente!
Así viera en tus ojos veinte mil muertes,
veinte mil millones en tus manos, y miles
de millones en tu lengua mentirosa, te diría
que mientes con la misma voz sincera
con que rezo a los dioses.

SICINIO

¿Habéis oído, pueblo?

TODOS [LOS CIUDADANOS]

¡A la roca! ¡A la roca!

SICINIO

¡Silencio! No hacen falta más acusaciones
tras lo que le habéis visto hacer y oído decir:
golpea a vuestros servidores, os maldice,
se resiste con golpes a la ley y ahora
desafía a quienes tienen el poder para juzgarle.
Sólo esto último es tan grave y criminal
que merece la muerte más cruel.

BRUTO

Pero, ya que ha servido dignamente a Roma...

CORIOLANO

¿Qué sabes tú de servicio?

BRUTO

Hablo de lo que sé.

CORIOLANO

¿Tú?

MENENIO

¿Es ésta la promesa que hiciste a tu madre?

COMINIO

Escucha, te lo ruego.

CORIOLANO

¡No quiero escuchar! Que me despeñen
desde la Tarpeya, me manden al destierro,
me encarcelen, sentenciado a un grano por día.
No compraré su clemencia al precio
de una palabra cortés, ni he de frenar
mis impulsos por nada que me den,
aunque sólo sea a cambio de un saludo.

SICINIO

Considerando que en varias ocasiones
ha mostrado su aversión al pueblo, procurando
por todos los medios arrancarle su poder
y asestando, como ahora, golpes hostiles,
no ya en presencia de la temible justicia,
sino contra los encargados de administrarla,
nosotros, en nombre del pueblo
y en nuestra capacidad de tribunos,
desde este mismo instante le desterramos
de nuestra ciudad y le prohibimos cruzar
nunca más las puertas de Roma, bajo pena
de ser despeñado desde la roca Tarpeya.
En nombre del pueblo, ¡cúmplase!

TODOS [LOS CIUDADANOS]
¡Cúmplase, cúmplase! ¡Fuera ya!
¡Al destierro! ¡Cúmplase!
COMINIO
Escuchadme, señores y amigos todos...
SICINIO
Está sentenciado. Se acabó la audiencia.
COMINIO
Dejadme hablar. He sido cónsul
y puedo mostrarle a Roma las marcas
que dejaron en mi piel sus enemigos.
Amo el bien de mi patria con un amor
más hondo, más sentido y más sagrado
que a mi propia vida, la honra de mi esposa,
el fruto de sus entrañas y tesoro de mi sangre.
Si dijese...
SICINIO
Sabemos por dónde vas. Si dijeses, ¿qué?
BRUTO
No hay más que decir, sino que está desterrado
por enemigo del pueblo y de su patria. ¡Cúmplase!
TODOS [LOS CIUDADANOS]
¡Cúmplase, cúmplase!
CORIOLANO
Jauría de perros plebeyos, cuyo aliento
me repugna como miasmas de ciénagas malsanas,
cuyo afecto estimo en tanto
como a carroñas insepultas que me infectan el aire,
¡yo os destierro a vosotros! ¡Ahí os dejo
con vuestra inconstancia! Que el más leve rumor
os sacuda el ánimo, y el vaivén de los penachos
enemigos os sople el espanto. Quedaos
con el poder de desterrar al que os defiende,

hasta que al fin vuestra inconsciencia
(que no aprende hasta que sufre), dejándoos
a salvo, siempre vuestros propios enemigos,
os entregue, cautivos y humillados,
a rivales que os venzan sin combate.
Despreciando a la ciudad por vuestra culpa
os doy la espalda. Hay más mundo en otras partes.

Salen CORIOLANO, COMINIO, [MENENIO] *y los demás.*

EDIL
¡Se acabó el enemigo del pueblo!

TODOS [LOS CIUDADANOS]
¡Se acabó! ¡Está desterrado! ¡Viva!

Todos gritan y lanzan sus gorros al aire.

SICINIO
Seguidle hasta las puertas y hostigadle,
como él hacía con vosotros, con toda
vuestra saña. Atormentadle como merece.
Que una guardia nos escolte por la ciudad.

TODOS [LOS CIUDADANOS]
Vamos a seguirle hasta las puertas. Venga.
Los dioses protejan a los nobles tribunos. ¡Vamos!

Salen.

IV.i *Entran* CORIOLANO, VOLUMNIA, VIRGILIA, MENENIO, COMINIO, *con la joven nobleza de Roma.*

CORIOLANO

Basta de lágrimas. Un breve adiós. La bestia
de mil cabezas me echa a cornadas. Vamos, madre,
¿dónde está tu ánimo de siempre? Decías
que la desgracia es la prueba de las almas
que el hombre vulgar soporta los trances vulgares
que, con mar en calma, todos los barcos
navegan con arte; que resistir los golpes más fieros
de la fortuna reclama crianza de nobles.
Me cargabas de preceptos que harían
invencible al corazón que los guardara.

VIRGILIA

¡Oh, cielos, cielos!

CORIOLANO

Vamos, mujer, te lo suplico...

VOLUMNIA

¡Caiga la peste sobre los gremios de Roma
y sucumban todos los oficios!

CORIOLANO

Vamos, vamos. Me querrán cuando me echen de [menos.
Vamos, madre, recobra el valor con que decías
que, si tú hubieras sido la esposa de Hércules,
habrías hecho seis de sus trabajos
por ahorrarle sudor a tu marido.
Ánimo, Cominio. Adiós.
Adiós, esposa, adiós, madre. Todo irá bien.
Mi viejo y fiel Menenio, tus lágrimas
son más amargas que las de un joven
y veneno para tus ojos. Mi antiguo general,
te he visto contemplar impasible
escenas que curten. Di a estas pobres mujeres
que tan necio es lamentar fatalidades

como reírse de ellas. Madre, sabes bien
que mis peligros siempre fueron tu alegría.
Yo te aseguro, aunque me aleje solo,
como el dragón solitario, cuya ciénaga
le hace temible con sólo nombrarla,
que tu hijo, o descuella, o cae atrapado
con artes y mañas siniestras.

VOLUMNIA

Gran hijo, ¿adónde te encaminas?
Que Cominio te acompañe por un tiempo.
Decide tu rumbo antes de exponerte ciegamente
a los azares que te salgan al paso.

VIRGILIA

¡Oh, dioses!

COMINIO

Iré contigo un mes, y así decidiremos
tu posada; podrás saber de nosotros
y nosotros de ti. Si el tiempo favorece
tu regreso, no habrá que recorrer
el ancho mundo en busca de un hombre
y perder la ocasión, que siempre se entibia
en ausencia de quien la requiere.

CORIOLANO

Adiós. Los años te pesan, y te sobran
zarpazos de la guerra para andar errante
con un hombre ileso. Acompáñame a las puertas.
Venid, querida esposa, muy querida madre
y amigos de buena ley. Cuando me aleje,
decidme adiós y sonreíd. Vamos, venid.
Mientras siga sobre tierra, de mí siempre sabréis,
y nada borrará mi antigua fama.

MENENIO

Consuela oír tan nobles palabras. Vamos,

no lloremos. Si pudiera sacudirme siete años
de mis piernas y mis brazos, por los dioses
que iría contigo paso a paso.

CORIOLANO
Dame la mano. Vamos.

Salen.

IV.ii *Entran los dos tribunos,* SICINIO *y* BRUTO, *con un edil.*

SICINIO
Diles que se vayan. Él ya no está
y no vamos a seguir. Los patricios
se han puesto de su parte y están irritados.

BRUTO
Ahora que hemos hecho valer nuestro poder
aparentemos más humildad después del éxito
que mientras lo buscábamos.

SICINIO
Diles que se vayan. Diles que ya no está
su peor enemigo y que han recuperado
la fuerza perdida.

BRUTO
Mándalos a sus casas.

[*Sale el edil.*]
Entran VOLUMNIA, VIRGILIA *y* MENENIO.

Ahí viene su madre.

SICINIO
Vamos a esquivarla.

BRUTO

¿Por qué?

SICINIO

Dicen que está fuera de sí.

BRUTO

Nos han visto. No te pares.

VOLUMNIA

¡Ah, sed bien hallados!
Que los dioses os paguen vuestro amor
con su tesoro de pestes.

MENENIO

Calla, calla. No grites tanto.

VOLUMNIA

Si el llanto me dejara, me ibais a oír...
¡Qué! Me vais a oír. [*A* BRUTO] Tú no te vas.
[*A* SICINIO] Y tú también te quedas.

VIRGILIA

¡Ojalá pudiera decirle lo mismo a mi esposo!

SICINIO

¿Eres hombre o mujer?

VOLUMNIA

Ser humano, imbécil. ¿Es una deshonra?
Mirad a este imbécil. ¿No fue un hombre mi [padre?
¿Tú no has tenido zorrería para expulsar
a quien ha dado más golpes por Roma
que palabras tú hayas pronunciado?

SICINIO

¡Dioses del cielo!

VOLUMNIA

Golpes más nobles que tú palabras sabias,
y por el bien de Roma. Te voy a decir...
No, vete... ¡No, quédate! ¡Ay, si mi hijo

estuviese en Arabia, con su fiel espada en mano
y tu raza delante!

SICINIO
¿Qué?

VIRGILIA
¿Qué? ¡Que acabaría con tu sangre!

VOLUMNIA
Con bastardos y todo. ¡A un héroe,
con la de heridas que lleva por Roma!

MENENIO
Vamos, calma.

SICINIO
Ojalá hubiera seguido con su patria
como antes, sin deshacer el noble nudo
que a ella le unía.

BRUTO
Sí, ojalá.

VOLUMNIA
«¡Ojalá!». Fuiste tú el que excitó al populacho.
¡Serpientes! Tan incapaces de juzgar su valía
como yo de escrutar los misterios
que el cielo no quiere revelar a la tierra.

BRUTO
Anda, vámonos.

VOLUMNIA
Anda, hombre, vete. ¡Valiente hazaña!
Pero, antes de irte, escucha esto:
así como descuella el Capitolio
sobre la casa más pobre de Roma, así mi hijo
y marido de esta dama, al que habéis
desterrado, descuella sobre todos vosotros.

BRUTO
Muy bien, muy bien; nos vamos.

SICINIO

¿Para qué seguir aquí
soportando el acoso de una loca?

Salen los tribunos.

VOLUMNIA

¡Os acompaño en mis plegarias!
¡Ay, si los dioses no tuvieran que hacer
nada más que cumplir mis maldiciones!
Con verlos una vez al día, descargaría
el corazón del peso que lo oprime.

MENENIO

Les has dado una buena y, la verdad,
motivos no te faltan. ¿Vendrás a cenar?

VOLUMNIA

Me alimento de cólera, me nutro de mí misma
y moriré de hambre comiendo.— Venga, vamos.
Deja de lloriquear y laméntate como yo,
con rabia, como Juno. Vamos, vamos.

Salen.

MENENIO

¡Los dioses nos valgan!

Sale.

IV.iii *Se encuentran un* ROMANO *y un* VOLSCO.

ROMANO

Creo que nos conocemos. Te llamas Adriano, ¿verdad?

VOLSCO

Sí, señor. Pero de ti no me acuerdo.

ROMANO

Soy romano, pero presto servicio contra Roma, igual que tú. ¿Me conoces ya?

VOLSCO

Nicanor, ¿no?

ROMANO

El mismo, señor.

VOLSCO

La última vez que te vi tenías más barba, pero se te conoce por la voz. ¿Qué hay de nuevo en Roma? Me encargó el gobierno volsco que fuese a buscarte, así que me ahorras un día de camino.

ROMANO

En Roma ha habido un extraño tumulto: el pueblo contra los patricios, senadores y toda la nobleza.

VOLSCO

¡Ha habido! ¿Es que ha terminado? Nuestro gobierno cree que no: están preparándose muy bien para otra guerra y esperan caer sobre ellos en plena desunión.

ROMANO

El mayor incendio ya está apagado, pero volvería a estallar por nada. A la nobleza le ha dolido tanto el destierro del ilustre Coriolano que están dispuestos a quitarle al pueblo todo su poder y privarle de sus tribunos para siempre. Todo está en ascuas, te lo aseguro, y a punto de volver a arder.

VOLSCO

¿Coriolano desterrado?

ROMANO

Sí, desterrado.

VOLSCO

Serás muy bien acogido por esa noticia, Nicanor.

ROMANO

El tiempo corre a su favor. Dicen que el mejor momento para seducir a una casada es cuando ha reñido con el marido. Vuestro noble Tulo Aufidio se va a lucir en esta guerra si Roma prescinde de Coriolano, su gran adversario.

VOLSCO

No tiene más remedio. ¡Qué suerte encontrarte así, por casualidad! Mi encargo ya está cumplido y tendré mucho gusto en acompañarte.

ROMANO

Entre ahora y la cena te contaré cosas curiosísimas de Roma, todas ellas a favor de sus adversarios. ¿Dices que tenéis preparado un ejército?

VOLSCO

Un ejército magnífico. Los centuriones y sus hombres, enrolados por separado y con sueldo. Se pondrían en marcha en una hora.

ROMANO

Me alegra que estén tan preparados, y creo que soy el que los pondrá en acción. Bueno, me alegro de encontrarte, y encantado de tu compañía.

VOLSCO

Al contrario: soy yo quien tiene motivo para estar encantado de la tuya.

ROMANO

Bueno, vamos juntos.

Salen.

IV.iv *Entra* CORIOLANO, *pobremente vestido, disfrazado y embozado.*

CORIOLANO
Hermosa ciudad. Ancio, yo soy quien hizo
a tus viudas: ante mis golpes vi gemir
y caer a herederos de estos bellos edificios.
No me reconozcas, no sea que tus mujeres
en ridícula lucha me maten
con los asadores y tus hijos a pedradas.

Entra un CIUDADANO.

Los dioses te guarden.

CIUDADANO
Igualmente.

CORIOLANO
¿Quieres indicarme dónde vive el gran Aufidio?
¿Está en Ancio?

CIUDADANO
Sí, y esta noche da un banquete
en su casa a los nobles del Estado.

CORIOLANO
¿Puedes decirme cuál es su casa?

CIUDADANO
La que tienes delante.

CORIOLANO
Gracias, señor. Adiós.

Sale el CIUDADANO.

¡Ay, el mundo y sus vaivenes traicioneros!
Amigos inseparables, que parecen

hechos con un solo corazón, que siempre
comparten horas, lecho, sustento y fatigas,
que se unen en su afecto inalterable,
en un momento, por una disputa de nada,
provocan la más fiera enemistad.
Y los peores enemigos, que no duermen
bramando de odio y urdiendo asechanzas,
por un azar, una simpleza, se vuelven
buenos amigos y asocian voluntades.
Lo mismo me pasa. Detesto el lugar en que nací
y amo la ciudad del enemigo. Voy a entrar.
Si me mata, hará justicia; si me acoge,
me pondré al servicio de su patria.

Sale.

IV.v *Música* [*dentro*]. *Entra un* SIRVIENTE.

SIRVIENTE 1.º
¡Más vino, más vino! ¿Qué servicio es éste? Parece
que mis compañeros estén dormidos.

[*Sale.*] *Entra otro* SIRVIENTE.

SIRVIENTE 2.º
¿Dónde está Coto? Le llama el amo. ¡Coto!

Sale. Entra CORIOLANO.

CORIOLANO
Hermosa casa. El banquete huele bien,
pero yo no parezco un convidado.

Entra el SIRVIENTE 1.º.

SIRVIENTE 1.º
¿Qué quieres, amigo? ¿De dónde has salido? Aquí no hay sitio para ti. Anda, sal de aquí.

Sale.

CORIOLANO
Siendo Coriolano no merezco
mejor recibimiento.

Entra el SIRVIENTE 2.º.

SIRVIENTE 2.º
¿Y tú de dónde sales? ¿Es que el portero no tiene ojos en la cara, que deja entrar a tipos como tú? Anda, vete.

CORIOLANO
¡Fuera!

SIRVIENTE 2.º
¿Fuera? ¡Fuera tú!

CORIOLANO
Me estás irritando.

SIRVIENTE 2.º
¿Conque insolente, eh? Ahora vendrán por ti.

Entra un tercer SIRVIENTE*; se cruza con el primero.*

SIRVIENTE 3.º
¿Quién es éste?

SIRVIENTE 1.º
El tipo más raro que he visto. No puedo echarle. Anda, llama al amo.

[*Sale.*]

SIRVIENTE 3.º
¿Qué buscas aquí, amigo? Anda, sal de esta casa.
CORIOLANO
Deja que me quede. No ensuciaré vuestro hogar.
SIRVIENTE 3.º
¿Quién eres?
CORIOLANO
Un señor.
SIRVIENTE 3.º
Un señor muy pobre.
CORIOLANO
Es verdad.
SIRVIENTE 3.º
Pues bien, señor pobre, búscate otro albergue. Aquí no hay sitio para ti. Vamos, fuera.
CORIOLANO
Tú a lo tuyo. ¡Anda a cebarte con las sobras frías!

Le aparta de un empujón.

SIRVIENTE 3.º
Conque sí, ¿eh? — Anda, dile al amo qué clase de huésped tiene aquí.
SIRVIENTE 2.º
Ahora mismo.

Sale.

SIRVIENTE 3.º
¿Dónde vives?
CORIOLANO
Bajo la bóveda.

SIRVIENTE 3.º

¿Bajo la bóveda?

CORIOLANO

Sí.

SIRVIENTE 3.º

¿Y eso dónde está?

CORIOLANO

En la ciudad de los cuervos y milanos.

SIRVIENTE 3.º

¿En la ciudad de los cuervos y milanos? ¡Será bruto! ¿Vives también con los gansos?

CORIOLANO

No, yo no sirvo a tu amo.

SIRVIENTE 3.º

¡Cómo! ¿Te metes con mi amo?

CORIOLANO

Sí. Es más decente que meterse con tu ama. Tú, habla que te habla. ¡Anda a servir con tus platos! ¡Fuera!

Le echa a golpes.
Entra AUFIDIO *con el* SIRVIENTE [2.º].

AUFIDIO

¿Dónde está?

SIRVIENTE 2.º

Aquí, señor. No le he pegado como a un perro por no molestar a los convidados.

[*Se apartan los* SIRVIENTES.]

AUFIDIO

¿De dónde vienes? ¿Qué quieres? Di tu nombre. ¿Por qué callas? Vamos, habla. ¿No tienes nombre?

CORIOLANO [*desembozándose*]
Si aún no me conoces, Tulo Aufidio,
y al verme así no imaginas el que soy,
por fuerza tendré que decirte mi nombre.

AUFIDIO
Dilo.

CORIOLANO
Es un nombre disonante a los oídos
de los volscos y áspero a los tuyos.

AUFIDIO
Vamos, tu nombre. Tu traza impone,
y veo en tu cara la señal del mando.
Por rotas que lleves las velas, en ti
se adivina un regio navío. Di tu nombre.

CORIOLANO
Prepara tu ceño. ¿No me conoces?

AUFIDIO
¡No! ¡Di tu nombre!

CORIOLANO
Mi nombre es Cayo Marcio, el que ha traído
la ruina y el estrago a todos los volscos,
y a ti en particular. De ello da fe
mi sobrenombre, Coriolano. Es la sola
recompensa a mi servicio esforzado,
a mis peligros extremos y a la sangre
que he vertido por mi ingrata ciudad:
recuerdo y testimonio del odio y rencor
que debes guardarme. Sólo queda el nombre.
La mala fe y el encono del pueblo,
tolerados por nuestra cobarde nobleza,
que me ha abandonado, ha barrido lo demás,
dejando que la voz de los plebeyos
a gritos me expulse de Roma. Ahora la desgracia

me trae a tu hogar, y no porque espere,
entiéndeme bien, salvar la vida,
que, si temiese a la muerte, te habría rehuido
como a nadie. Estoy ante ti por puro despecho,
por vengarme de quien me ha desterrado.
Si tienes un alma vengativa que quiera
lavar antiguas ofensas y borrar
las manchas y afrentas que sufrió tu patria,
no lo pienses más y aprovecha mis males
de modo que, al brindarte mi venganza,
tú saques beneficio, pues lucharé
contra mi infecta nación con la saña
de todos los demonios infernales.
Si te resistes y ya estás cansado
de probar fortuna, a mí también me fatiga
seguir viviendo, y te ofrezco mi garganta
a ti y a tu vieja enemistad.
Necio serás si no me degüellas: mi odio
te ha seguido a todas partes, le he sacado
mares de sangre al pecho de tu patria,
y mi vida sería tu deshonra
si no la pusiera a tu servicio.

AUFIDIO

¡Ah, Marcio, Marcio! Cada palabra que decías
arrancaba de mi pecho una raíz
de viejos rencores. Si Júpiter divino
dijese que es verdad desde esa nube,
no le creería como a ti, nobilísimo Marcio.
Deja que mis brazos estrechen ese cuerpo,
contra el cual el fresno de mi lanza
cien veces se partió, saltando en mil astillas
que arañaban a la luna. Al yunque de mi espada
este abrazo, y respondo a tu amistad

con fervor y nobleza, como antes respondía
con tesón a tu bravura. Tú no sabes
cómo quise a mi amada: ningún hombre
suspiraba de amor tan sincero.
Mas al verte aquí, ser de nobleza,
me salta más el corazón arrobado
que cuando vi a mi novia desposada
cruzar el umbral de mi casa. Oye bien,
dios Marte: tenemos un ejército en campaña
y quería arrancarte el escudo de tu brazo
o perder el mío. Me has rendido doce veces,
y desde entonces sueño cada noche
que luchamos cara a cara. En mi sueño
rodamos por los suelos, nos quitamos el casco,
nos agarramos la garganta, pero luego
me despierto jadeante y sin nada.
Noble Marcio, si nuestra pugna con Roma
sólo se debiera a tu destierro, reclutaríamos
a todos los hombres de los doce a los setenta
y, derramando guerra en las entrañas
de la ingrata Roma, la inundaríamos
como un río incontenible. Vamos, pasa
y saluda a los amables senadores.
Han venido a despedirme, pues me disponía
a invadir tus territorios, aunque no tu ciudad.

CORIOLANO

¡Dioses, me bendecís!

AUFIDIO

Por tanto, soberano señor, si deseas
dirigir en persona tu venganza,
comparte el mando y, como conocedor
de las virtudes y flaquezas de tu patria,
marca el rumbo: bien para arremeter

contra las puertas de Roma o, antes de atacar,
surgir de improviso en las comarcas
remotas y asustarlas. Pero, pasa. Deja
que primero te presente a quienes van
a aplaudir tus deseos. Bienvenido mil veces,
y hoy más como amigo que ayer como enemigo,
que lo fuiste. Tu mano. Sé muy bienvenido.

Salen.
Se adelantan los SIRVIENTES.

SIRVIENTE 1.º
¡Vaya cambio! ¿Eh?

SIRVIENTE 2.º
¡Por mi vida! Pensaba sacudirle con un palo, pero me dio en la nariz que su ropa engañaba.

SIRVIENTE 1.º
¡Menudo brazo tiene! Con sólo dos dedos me hizo dar más vueltas que un trompo.

SIRVIENTE 2.º
No, si yo le vi en la cara que había algo en él. Tenía una cara como que... No sé cómo decirlo.

SIRVIENTE 1.º
Es verdad. Parecía como quien dice... ¡Que me aspen si no vi en él más de lo que me figuraba!

SIRVIENTE 2.º
Yo también, te lo juro. Es el hombre más extraordinario del mundo.

SIRVIENTE 1.º
Eso creo yo. Pero para soldado más grande, tú ya sabes.

SIRVIENTE 2.º
¿Quién? ¿El amo?

SIRVIENTE 1.º
¡Hombre! Eso ni se discute.
SIRVIENTE 2.º
Vale por seis como él.
SIRVIENTE 1.º
Bueno, tampoco tanto. Pero para mí es el mejor soldado.
SIRVIENTE 2.º
Pues mira, yo no sé cómo decirlo: para defender una ciudad nuestro general es formidable.
SIRVIENTE 1.º
Claro, y también para atacar.

Entra el SIRVIENTE 3.º.

SIRVIENTE 3.º
¡Eh, granujas! Traigo noticias, bribones; noticias frescas.
SIRVIENTE 1.º *y* 2.º
¿Qué? ¿Cómo? A ver, a ver.
SIRVIENTE 3.º
Antes condenado a muerte que romano.
SIRVIENTES 1.º *y* 2.º
¿Por qué? ¿Por qué?
SIRVIENTE 3.º
¡Cómo! Porque ahí está el que solía zurrar a nuestro general.
SIRVIENTE 1.º
¿Por qué dices «zurrar a nuestro general»?
SIRVIENTE 3.º
Yo no digo «zurrar a nuestro general», sino que podía medirse con él.

Sirviente 2.º

Vamos, estamos entre compañeros y amigos: era demasiado para él. Se lo oí decir a él mismo.

Sirviente 1.º

¡Vaya si lo era! Delante de Corioles lo dejó en carne viva, como para asarlo.

Sirviente 2.º

Pues si llega a tener instintos de caníbal, lo cuece y se lo come.

Sirviente 1.º

¿Y qué más noticias?

Sirviente 3.º

Pues que ahí dentro le llevan en palmitas como si fuese hijo y heredero de Marte; le han puesto a la cabecera de la mesa. Ningún senador le pregunta nada sin ponerse de pie y descubrirse. Nuestro general le trata como si fuera su amada, le toca la mano como si fuese una reliquia y pone los ojos en blanco cuando le oye hablar. Pero el fondo del asunto es que han partido en dos a nuestro general, que se ha quedado en la mitad de lo que era, pues la otra mitad se la lleva el otro, a ruego y concesión de toda la mesa. Dice que va a ir y le va a tirar de las orejas al portero de Roma. Que segará lo que se le ponga por delante y dejará el campo raso.

Sirviente 2.º

Y es tan capaz de hacerlo como el que más.

Sirviente 3.º

¿Hacerlo? ¡Vaya si lo hará! Tiene... eso, tantos amigos como enemigos; y los amigos... bueno, pues, no se atreven, como quien dice, a mostrarse amigos suyos mientras él esté... bueno, pues, en directitud.

SIRVIENTE 1.º

¿Directitud? ¿Y eso qué es?

SIRVIENTE 3.º

Pero cuando vuelvan a verle con la cresta bien alta y en pleno vigor, saldrán de sus madrigueras, como los conejos después de la lluvia, y lo celebrarán con él.

SIRVIENTE 1.º

¿Y cuándo empieza eso?

SIRVIENTE 3.º

Mañana, hoy, ya. Esta tarde oirás el redoble del tambor. Es, como si dijéramos, una parte del convite y ha de realizarse antes que se limpien la boca.

SIRVIENTE 2.º

Pues entonces habrá movimiento otra vez. Esta paz sólo sirve para enrobinar el hierro, enriquecer a los sastres y criar copleros.

SIRVIENTE 1.º

A mí que me den la guerra. Supera a la paz como el día a la noche. Es estimulante, resonante, emocionante. La paz es parálisis, letargo. Embotada, sorda, adormilada, insensible. Engendra más bastardos que hombres mata la guerra.

SIRVIENTE 2.º

Exacto, y si se puede decir que en cierto modo la guerra es violadora, no se puede negar que la paz es una gran fabricante de cornudos.

SIRVIENTE 1.º

Eso, y hace que los hombres se odien.

SIRVIENTE 3.º

¿Y por qué? Porque entonces se necesitan menos. A mí que me den la guerra. Espero ver a los romanos tan tirados como los volscos.— ¡Eh! ¡Se están levantando!

SIRVIENTES 1.º *y* 2.º
Adentro, adentro, adentro.

Salen.

IV.vi *Entran los dos tribunos,* SICINIO *y* BRUTO.

SICINIO
Ni sabemos de él ni hay por qué temerle.
Sus medios son débiles en esta paz
y sosiego del pueblo, antes tan violento
y agitado. Les hemos sacado los colores
a sus amigos, que no soportan este bienestar;
que prefieren ver, a costa de sufrirlo,
turbas insurrectas infestando nuestras calles
antes que artesanos cantando en el taller
dedicados pacíficamente a su labor.
BRUTO
Nos impusimos a tiempo.

Entra MENENIO.

Aquél, ¿es Menenio?
SICINIO
Sí, es él. Ah, últimamente se ha vuelto
muy amable. ¡Salud, señor!
MENENIO
Salud a los dos.
SICINIO
A tu Coriolano no le echan de menos
más que sus amigos. La república sigue en pie
y, por mucho que le irrite, seguirá.

MENENIO

Todo va bien y habría sido mucho mejor
si él hubiera sabido acomodarse.

SICINIO

¿Dónde está? ¿Lo sabes?

MENENIO

No, no lo sé. Su madre y su esposa
no saben nada de él.

Entran tres o cuatro CIUDADANOS.

CIUDADANOS

Los dioses os guarden a los dos.

SICINIO

Buenas tardes, vecinos.

BRUTO

Buenas tardes a todos, buenas tardes.

CIUDADANO 1.°

Nosotros, nuestras mujeres e hijos, de rodillas
debemos rezar siempre por vosotros.

SICINIO

¡Salud y fortuna!

BRUTO

Adiós, amables vecinos. Ojalá Coriolano
os hubiera querido como nosotros.

CIUDADANOS

Los dioses os protejan.

LOS DOS TRIBUNOS

Adiós, adiós.

Salen los CIUDADANOS.

SICINIO

Estos tiempos son más gratos y felices

que cuando ésos corrían por las calles
armando alborotos.

BRUTO

Cayo Marcio era un ilustre soldado,
pero altanero, cargado de soberbia,
ambicioso a más no poder, egoísta.

SICINIO

Y buscaba el poder indivisible y absoluto.

MENENIO

Yo creo que no.

SICINIO

Si llega a ser cónsul, lo estaríamos
viendo ahora, muy a pesar nuestro.

BRUTO

Los dioses lo han impedido, y Roma
vive segura y en paz sin él.

Entra un EDIL.

EDIL

Nobles tribunos, hemos metido en la cárcel
a un bribón por contar que los volscos
han entrado en territorio romano
con dos ejércitos distintos,
y que, con toda la saña de la guerra,
destruyen lo que encuentran a su paso.

MENENIO

Es Aufidio, que, al enterarse del destierro
de Marcio, vuelve a sacar los cuernos
que guardaba en la concha, cuando Marcio
defendía a Roma y no se los dejaba asomar.

SICINIO

¡Déjate de Marcio!

Bruto

Que azoten a ese alarmista. Los volscos
no pueden romper con nosotros.

Menenio

¿Que no? Nos consta que pueden;
tres veces se lo he visto hacer. Hablad
con ese hombre antes de castigarle;
que diga cómo lo sabe, no sea que azotéis
a la propia noticia y le peguéis
al mensajero que os avisa de peligros.

Sicinio

No sigas. Sé que no es posible.

Bruto

Imposible.

Entra un Mensajero.

Mensajero

Los nobles se dirigen al Senado
con gran seriedad. Están llegando
noticias que les mudan el semblante.

Sicinio

Es ese bribón. Azotadle ante el pueblo.
Ha sido él, con esa noticia.

Mensajero

Sí, señor, pero la noticia se ha confirmado,
y llegan otras peores, mucho peores.

Sicinio

¿Cómo peores?

Mensajero

Se comenta a boca llena, no sé
qué habrá de cierto, que Marcio,
aliado con Aufidio, dirige un ejército

contra Roma y jura que su venganza
se extenderá del más joven al más viejo.

SICINIO

¡Me lo voy a creer!

BRUTO

Lo han propalado para que los débiles
deseen la vuelta de Marcio.

SICINIO

Ahí está la trampa.

MENENIO

No puede ser. Aufidio y él congenian menos
que el más desaforado antagonismo.

Entra un [segundo] MENSAJERO.

MENSAJERO [2.º]

Os llaman del Senado. Un ejército temible
al mando de Marcio, asociado con Aufidio,
devasta nuestros territorios. Todo lo arrasan
a su paso, todo lo incendian, y saquean
lo que se pone en su camino.

Entra COMINIO.

COMINIO

¡Ah! ¡Buena la habéis hecho!

MENENIO

¿Qué pasa? ¿Qué pasa?

COMINIO

Por vuestra culpa violarán a vuestras hijas,
fundirán sobre vosotros plomo de tejados,
deshonrarán a vuestras esposas
en vuestras propias narices...

MENENIO

Pero, ¿qué pasa? ¿Qué pasa?

COMINIO

Arderán vuestros templos hasta los cimientos
y vuestros derechos, que tanto defendíais,
cabrán en una ratonera.

MENENIO

Muy bien, pero, ¿qué pasa? —Me temo
que la habéis hecho buena.— ¿Qué pasa?
Si Marcio se ha juntado con los volscos...

COMINIO

¡Si Marcio! ¡Él es su dios! Él los guía
como un ser de otra deidad que la naturaleza
y creadora de otra raza; y vienen
por nosotros, mocosos, con tanta convicción
como niños matando mariposas
o carniceros matando moscas.

MENENIO

La habéis hecho buena, vosotros
y vuestros laborantes: vosotros,
que tanto defendíais el voto del trabajo
y el aliento de los comeajos.

COMINIO

Sacudirá vuestra Roma,
que caerá sobre vuestras cabezas.

MENENIO

Como Hércules con el fruto maduro,
sacudiendo el árbol[19]. ¡Buena la habéis hecho!

---

[19] Referencia al último de los trabajos de Hércules, que consistía en conseguir las manzanas de oro del Jardín de las Hespérides, guardado por un dragón.

BRUTO

Pero, ¿es verdad?

COMINIO

Sí, y antes de verlo estaréis pálidos.
Todas las comarcas se pasan a él sonrientes,
y quien se resiste paga su necio valor
y estúpida lealtad con la burla y la muerte.
¿Y quién se lo reprocha?
Amigos y enemigos ven algo en él.

MENENIO

Si en su nobleza no guarda clemencia
estamos perdidos.

COMINIO

¿Y quién va a pedirla? Los tribunos
no tendrían ese descaro. El pueblo
le merece tanta lástima como al lobo
los pastores. Y sus mejores amigos,
si fueran a pedírsela, obrarían
como el que ha merecido su odio
y así parecerían enemigos.

MENENIO

Cierto. Si estuviera prendiéndole
fuego a mi casa, yo no tendría
valor para decirle: «Basta, te lo ruego».
Os habéis lucido, tribunos y artesanos.
¡Qué artes las vuestras!

COMINIO

Habéis traído un temblor tan tremendo
como nunca sintió Roma.

TRIBUNOS

No digáis que lo hemos traído nosotros.

MENENIO

¡Qué! ¿Fuimos nosotros? Nosotros le queríamos,

mas, cobardes e insensibles, claudicamos
ante vuestro enjambre, que lo echó a gritos.

COMINIO

Me temo que ahora gritarán de miedo.
Tulo Aufidio, el segundo de los hombres,
le obedece cual si fuera su oficial.
La única arma y estrategia que Roma
les puede oponer es la desesperación.

Entra un tropel de CIUDADANOS.

MENENIO

Aquí viene el enjambre.— ¿Y Aufidio está
[con él? —
Vosotros sois los que infectasteis el aire
al lanzar vuestros gorros nauseabundos
y mugrientos expulsando a Coriolano
con tanto griterío. Ahora vuelve,
y no habrá pelo en la cabeza de un soldado
que no le sirva de látigo. Tumbará
a tantos mastuerzos como gorros volaron
y os pagará con vuestros votos. No importa.
Si pudiera quemarnos a todos
en una sola ascua, lo habríamos merecido.

TODOS [LOS CIUDADANOS]

Sí, las noticias son tremendas.

CIUDADANO 1.º

Por mi parte, cuando dije «Desterradle»
también dije que era lástima.

CIUDADANO 2.º

Yo también.

CIUDADANO 3.º

Yo también y, a decir verdad, muchos de nosotros

también. Lo que hicimos fue con la mejor intención, y si voluntariamente consentimos en su destierro, fue contra nuestra voluntad.

COMINIO

Buenas piezas estáis hechos, votantes.

MENENIO

Buena la habéis hecho, vosotros
y vuestra jauría.— ¿Vamos al Capitolio?

COMINIO

Sí, claro. ¿Adónde si no?

Salen los dos.

SICINIO

Vamos, señores, volved a casa; no os apoquéis.
Éstos se alegrarían de saber que es cierto
lo que aparentan temer. Volved a casa,
y no deis muestras de temor.

CIUDADANO 1.º

¡Los dioses nos asistan! Vamos, señores, vamos a casa.
Yo siempre dije que hicimos mal en desterrarle.

CIUDADANO 2.º

Eso dijimos todos. Vamos, a casa.

Salen los CIUDADANOS.

BRUTO

La noticia no me gusta nada.

SICINIO

Ni a mí.

BRUTO

Vamos al Capitolio. Daría la mitad
de mi peculio por que fuese una mentira.

SICINIO

Vamos.

Salen los TRIBUNOS.

IV.vii *Entra* AUFIDIO *con su* LUGARTENIENTE.

AUFIDIO

¿Los sigue arrastrando el romano?

LUGARTENIENTE

No sé qué magia hay en él. Para tus soldados
es el dios que invocan antes y después
de comer, y su plática durante la comida.
En esta empresa quedas deslucido,
incluso a los ojos de los tuyos.

AUFIDIO

Sí, pero ahora el único remedio
estorbaría nuestro avance.
Actúa con más arrogancia,
hasta conmigo, de lo que yo me esperaba
cuando le acogí. Aunque en esto su carácter
no ha cambiado, y ahora he de aceptar
lo que ya no tiene enmienda.

LUGARTENIENTE

Con todo, señor, más te habría valido,
en lugar de compartir el mando,
llevar por ti mismo esta acción
o dejársela a él entera.

AUFIDIO

Te entiendo muy bien. Ten por cierto
que, cuando rinda cuentas, no sabrá
de qué puedo acusarle. Es cierto que parece,

y así lo cree él y lo piensan los demás,
que todo lo lleva limpiamente,
que obra en interés de nuestra causa,
pelea como un dragón y logra lo que quiere
en cuanto desenvaina. Sin embargo,
deja sin hacer lo que será su ruina,
o tal vez la mía, cuando rindamos cuentas.

LUGARTENIENTE

¿Y crees, señor, que tomará Roma?

AUFIDIO

Las plazas se le rinden antes de sitiarlas,
y los nobles de Roma están con él.
Senadores y patricios le desean.
Los tribunos no saben luchar, y el pueblo
será tan vehemente revocando cual ligero
en la expulsión. Para él será Roma
como el pez para el águila, que lo apresa
por dominio natural. Empezó
por servirlos noblemente, mas no supo llevar
sus laureles con mesura. Quizá por soberbia,
que, en el éxito continuo, no perdona
ni al más afortunado; quizá por falta de juicio,
al no aprovechar esas ocasiones
de las que era dueño; o quizá por naturaleza,
empeñado en ser él mismo, no pasando
del casco al sillón, imponiéndose a la paz
con la misma rigidez que en la guerra. Bastó una
(pues tiene dosis de las tres, aunque,
en esto yo le exculpo, ninguna por entero)
para ser temido, odiado y desterrado;
y eso que su mérito ahoga toda crítica.
De igual modo, nuestras virtudes dependen
de la opinión del momento, y el poder,

en sí tan elogiable, tiene su tumba más cierta
en la tribuna donde alaba sus acciones.
Un fuego apaga otro fuego, un clavo
saca otro clavo, un derecho tropieza
con otro, y el fuerte cede al más fuerte.
Ven.— Marcio, cuando a Roma hayas vencido,
serás el más pobre, y muy pronto, mío.

Salen.

V.i *Entran* MENENIO, COMINIO, *los dos tribunos,* SICINIO *y* BRUTO, *y otros.*

MENENIO
No, yo no voy. Ya habéis oído al que fue
su general, que le quiso con tanto cariño.
Me llamaba padre, ¿y qué? Id vosotros,
que le desterrasteis. Postraos a una milla
de su tienda y que os lleven las rodillas
a pedirle clemencia. ¡Que no! Si a Cominio
le hizo ese desprecio, yo no me muevo.

COMINIO
Hacía como si no me conociese...

MENENIO
¿Lo oís?

COMINIO
... cuando antes me llamaba por mi nombre.
Le encarecí nuestra vieja amistad
y la sangre que juntos derramamos.
No quiso responder al nombre de Coriolano
ni a ninguno. Dijo que sería una nada,
sin título, hasta forjarse un nombre
en la fragua de la Roma incendiada.

MENENIO

Exacto. La habéis hecho buena.
Un par de tribunos que destruyen Roma
para que baje el carbón. ¡Qué noble epitafio!

COMINIO

Le recordé que el perdón es más propio
de un rey cuando menos se espera. Respondió
que era una súplica vana, viniendo
del país que le había castigado.

MENENIO

Muy bien. ¿Qué iba a decir si no?

COMINIO

Me atreví a despertar su respeto
por sus buenos amigos. Me contestó
que no podía ponerse a separarlos
entre la paja podrida. Que sería necio
por uno o dos pobres granos, no quemarla
y dejarla apestando.

MENENIO

¡Por uno o dos pobres granos! Yo soy uno;
su madre, esposa, hijo y este valiente
somos los granos. Vosotros, la paja podrida,
y vuestra peste llega al cielo. Nosotros
tenemos que arder por vuestra culpa.

SICINIO

Vamos, cálmate. Si te niegas a ayudar
cuando más se necesita, no nos reproches
nuestra desventura. Mas, si quieres mediar
por tu patria, tu don de la palabra
podrá detener a nuestro compatriota
antes que la tropa que pueda improvisarse.

MENENIO

No, yo no me meto.

Sicinio
Te ruego que vayas.
Menenio
¿Y qué voy a hacer?
Bruto
Intenta, con Marcio, lo que pueda hacer
tu amor por Roma.
Menenio
Bien. ¿Y si Marcio me despide sin oírme
como hizo con Cominio? Entonces, ¿qué?
Un amigo desolado, destrozado
por su crueldad. Entonces, ¿qué?
Sicinio
Roma te agradecerá la voluntad,
valorando tu noble intención.
Menenio
Lo intentaré. Creo que me oirá. Con todo,
me descorazona que se mordiera los labios
y le gruñese al bueno de Cominio.
No fue un buen momento: no había comido
y, con las venas quietas, la sangre se enfría,
nos disgusta la mañana y somos incapaces
de dar o perdonar. Mas, cuando hemos llenado
de vino y alimento los tubos de la sangre,
estamos de talante más benigno
que cuando ayunamos como sacerdotes.
Esperaré a que le temple la comida
y entonces le hablaré.
Bruto
Conoces el camino de su humanidad
y no vas a perderte.
Menenio
Bueno, le tantearé, pase lo que pase.
Pronto sabré el resultado.

Sale.

COMINIO
No le escuchará.

SICINIO
¿No?

COMINIO
Está sentado en un trono de oro, echando fuego
por los ojos, como si fuese a incendiar Roma,
y su agravio es la cárcel de su lástima.
Me hinqué de rodillas ante él, y apenas
si le oí decir «Levántate». Me despidió
con mano silenciosa, así. Me envió
por escrito lo que haría y lo que no,
tras jurar que no cedería en sus condiciones.
Toda esperanza es vana, si no actúan
su noble madre y su esposa, que, al parecer,
van a pedirle clemencia por su patria.
Vamos a animarlas con la súplica.

Salen.

V.ii *Entra* MENENIO *y se dirige a la guardia.*

CENTINELA 1.º
¡Alto! ¿De dónde vienes?

CENTINELA 2.º
Detente. ¡Atrás!

MENENIO
Vigiláis como hombres; muy bien.
Pero, con vuestro permiso, soy un emisario
del gobierno y vengo a hablar con Coriolano.

CENTINELA 1.º

¿De qué parte?

MENENIO

De Roma.

CENTINELA 1.º

No puedes pasar. Regresa. El general
no quiere saber nada de Roma.

CENTINELA 2.º

La verás envuelta en llamas
antes de hablar con Coriolano.

MENENIO

Amigos míos, si habéis oído a vuestro general
hablar de Roma y sus amigos romanos,
seguro que me ha nombrado. Soy Menenio.

CENTINELA 1.º

Tal vez. ¡Atrás!
Tu nombre no sirve de contraseña.

MENENIO

Escucha, hombre: el general es mi amigo.
Yo he sido la crónica de todos sus hechos
que siempre ha informado de su fama sin par,
quizá exagerando, pues, a mis amigos,
y él es el mejor, los retrato a lo vivo,
con toda la vida que permite la verdad
sin caer en el error. Bueno, a veces,
como bola en terreno engañoso, he rodado
más allá de mi objeto y, elogiándole,
por poco doy por buena una ficción.
Conque, amigo, tienes que dejarme pasar.

CENTINELA 1.º

Señor mío, aunque hayas dicho en su favor tantas mentiras como palabras en el tuyo, no pasarás; no, aunque mentir sea tan decente como vivir en castidad. Conque, regresa.

MENENIO

Vamos, amigo. Recuerda que me llamo Menenio y que siempre he sido un fiel partidario de tu general.

CENTINELA 2.º

Aunque hayas sido su falseador, como dices que lo has sido, yo, que digo la verdad bajo su mando, te digo que no pasas. Conque, vuelve.

MENENIO

¿Sabes si ha comido? No quiero hablar con él hasta después de la comida.

CENTINELA 1.º

Eres romano, ¿verdad?

MENENIO

Tanto como tu general.

CENTINELA 1.º

Pues entonces debías odiar a Roma tanto como él. Expulsáis a vuestro propio defensor, en un arrebato de inconsciencia popular le regaláis vuestro escudo al enemigo, ¿y ahora os figuráis que podéis detener su venganza con los cómodos gemidos de unas viejas, las manos virginales de unas hijas o la temblorosa intercesión de un viejo chocho como tú? ¿Te imaginas que podrás apagar el fuego decretado contra Roma con tan débil aliento? Estás muy equivocado. Así que vuelve a Roma y prepárate para tu ejecución. Estáis sentenciados: el general ha jurado que no dará tregua ni perdón.

MENENIO

Oye, tú. Si tu capitán supiera que estoy aquí, me trataría con respeto.

CENTINELA 1.º

¡Bah! Mi capitán no te conoce.

MENENIO

Quiero decir tu general.

CENTINELA 1.º

A mi general no le importas nada. Conque, ¡media vuelta! Vamos, o te saco el medio cuartillo de sangre que te queda. ¡Atrás! De ésta no pasa. ¡Atrás!

MENENIO

Pero amigo, amigo mío...

Entran CORIOLANO *y* AUFIDIO.

CORIOLANO

¿Qué ocurre?

MENENIO

Bueno, compadre; ahora daré un recado de tu parte. Verás si no se me respeta. Te vas a enterar de que un figurón como tú no puede impedirme que hable con mi hijo Coriolano. Sólo por la acogida que va a dispensarme juzga tú mismo si no estás en peligro de morir en la horca o en otro suplicio más cruel y de más dilatada contemplación. Mira bien, y cáete desmayado por la que te espera.— [*A* CORIOLANO] ¡Que los dioses del cielo celebren concilios continuos por tu personal prosperidad y te amen no menos que tu anciano padre Menenio! ¡Hijo, hijo mío! Preparas fuego contra nosotros; mira, el agua de mis ojos lo apagará. Trabajo les costó convencerme de que viniera, pero, persuadidos de que sólo yo podría convencerte, me aventaron de Roma a fuerza de suspiros. Ahora te conjuro que perdones a tu ciudad y a tus suplicantes conciudadanos. Los dioses clementes aplaquen tu cólera y arrojen el poso sobre este granuja, este atravesado que estaba cerrándome el paso.

CORIOLANO

¡Fuera!

MENENIO

¿Cómo, «fuera»?

CORIOLANO

No conozco ni esposa, ni madre, ni hijo.
Mis asuntos están al servicio de otros.
Si la venganza es sólo mía, el perdón
se aloja en el ánimo volsco, y el ingrato olvido
borrará nuestra vieja amistad
antes que la pena me la traiga al recuerdo.
Vete. Mis oídos resistirán tus súplicas
con más solidez que vuestras puertas a mi
[ejército.
Pero, ya que te he querido, toma esta carta.
La escribí pensando en ti, y quería mandártela.
Ni una palabra más, Menenio.— Aufidio,
este hombre fue mi amigo del alma. Mira ahora.

AUFIDIO

Te mantienes firme.

Salen. Quedan los CENTINELAS *y* MENENIO.

CENTINELA 1.º

¿Así que te llamas Menenio?

CENTINELA 2.º

¿Lo ves? Es un «conjuro» poderoso. Ya sabes el camino de vuelta.

CENTINELA 1.º

¿Oyes cómo nos regañan por cerrar el paso a Tu Excelencia?

CENTINELA 2.º

¿Por qué razón me voy a caer desmayado?

MENENIO

Ya no me importa ni el mundo ni vuestro general. En cuanto a seres como vosotros, sois tan poca cosa que apenas puedo creer que existáis. Quien tiene el deseo de morir por su propia mano no teme la ajena. Tu general puede hacer lo que le plazca. Vosotros seguid siendo lo que sois por muchos años, y que vuestra miseria aumente con el tiempo. Os digo lo que me han dicho: ¡Fuera!

Sale.

CENTINELA 1.º

De lo que no hay, ¿verdad?

CENTINELA 2.º

El que vale es nuestro general: él es la roca, el roble que no mueve ni el viento.

Salen.

V.iii *Entran* CORIOLANO *y* AUFIDIO [*con otros*].

CORIOLANO

Mañana situaremos nuestras fuerzas ante Roma.
Tú, compañero en esta guerra, informarás
a los senadores volscos de la rectitud
con que he llevado la empresa.

AUFIDIO

Te has atenido a sus fines y has hecho
oídos sordos al clamor de toda Roma,
sin aceptar un susurro personal de quienes
creyeron merecer tu confianza.

CORIOLANO
Ese anciano, al que he mandado a Roma
con el alma destrozada, me quería
más que un padre; me idolatraba.
Su último recurso fue enviármelo.
Aunque he estado desabrido, por su afecto
he ofrecido una vez más las primeras condiciones,
que rehusaron y ahora no pueden aceptar;
por hacerle un favor a quien creyó
que lograría algo más. Bien poco ha sido.
Ya no escucharé peticiones ni embajadas,
ni de Estado ni de amigos.

Un grito dentro.

¿Eh? ¿Qué grito es ése? ¿Me veré tentado
a romper una promesa recién hecha? ¡Nunca!

Entran VIRGILIA, VOLUMNIA, VALERIA *y el pequeño* MARCIO, *con acompañamiento.*

Primero, mi esposa; después, el noble molde
que dio forma a este cuerpo, y, de su mano,
el nieto de su sangre. ¡Atrás, sentimientos!
¡Rómpanse los lazos y derechos naturales!
¡Que la dureza sea virtud! ¿Qué valdrá
esa reverencia? ¿O esos ojos de paloma
que harían perjuros a los dioses? Me ablando,
y no soy de barro más fuerte que otros. Mi madre
se inclina, como si el Olimpo se postrase
ante un grano de arena, y mi hijo tiene
una mirada implorante que hace exclamar
a los vínculos de sangre: ¡No niegues!
¡Los volscos arrasen Roma y devasten Italia!

No seré tan necio que obedezca los instintos:
seguiré firme, cual si fuese mi propio creador
y no conociese parentela.

VIRGILIA

¡Mi esposo y señor!

CORIOLANO

Mis ojos ya no miran como en Roma.

VIRGILIA

Son las penas, que nos han cambiado tanto,
las que te lo hacen creer.

CORIOLANO

Como un mal actor, he olvidado mi papel
y me he quedado en blanco, expuesto al ridículo.—
Carne de mi carne, perdona mi rigor,
mas no digas por eso «Perdona a los romanos».
¡Ah, un beso! Largo como mi destierro, dulce
como mi venganza. Por la celosa reina del cielo,
que he llevado conmigo tu beso, vida mía,
y desde entonces estos fieles labios
lo han guardado virgen. ¡Dioses! No he saludado
a la madre más noble de este mundo.
¡Rodillas, hincaos en el suelo!

Se arrodilla.

Que la huella de vuestro respeto
sea más honda que la de otros hijos.

VOLUMNIA

¡Levántate, afortunado!
Yo seré quien se arrodille ante ti
sobre cojín de pedernal y, omitiendo
conveniencias, haré ver el error que ha invertido
el respeto entre padres e hijos.

[*Se arrodilla.*]

CORIOLANO

¡Cómo! ¿Te postras ante mí, ante el hijo
que reprendes? Pues que las piedras
de la árida playa hieran las estrellas;
que el viento rebelde lance el cedro altivo
contra el sol radiante y, ahogando lo imposible,
todo lo irrealizable sea obra fácil.

VOLUMNIA

Eres mi guerrero. Yo ayudé a tu forja.
¿Conoces a esta dama?

CORIOLANO

La noble hermana de Publícola,
luna de Roma, pura como el carámbano
que ha cuajado de la nieve más blanca
y pende del templo de Diana. ¡Querida Valeria!

VOLUMNIA

Éste es un pobre compendio de ti mismo
y, cuando el tiempo le haya dado desarrollo,
tal vez acabe siendo como tú.

CORIOLANO

Que el dios de los soldados,
con la venia de Júpiter supremo,
te inspire nobles pensamientos
para que seas invulnerable al deshonor
y descuelles en las guerras como un faro,
que resiste los embates y salva a quien lo mira.

VOLUMNIA

¡Vamos, de rodillas!

CORIOLANO

¡Buen muchacho!

VOLUMNIA

Él, tu esposa, esta dama y yo
venimos como suplicantes.

CORIOLANO

¡Basta, te lo ruego! Si pides algo,
recuerda esto: no tomes como rechazo
lo que he jurado que no concederé.
No me ruegues que despida a mis soldados
ni que pacte con los gremios de Roma.
No me digas en qué me muestro despiadado.
No quieras entibiar mi furia y mi venganza
con tus fríos argumentos.

VOLUMNIA

¡Basta, basta! Si ya has dicho
que nada piensas concedernos, más valdrá
no pedir lo que empiezas por negarnos.
Sin embargo, suplicaremos, de suerte
que la culpa se impute a tu rigor
si rechazas nuestro ruego. Conque, escucha.

CORIOLANO

Aufidio y vosotros, volscos, escuchad,
pues con Roma no pienso hablar a solas.

[*Se sienta.*]

¿Qué pedís?

VOLUMNIA

Si, en vez de hablar, callásemos, nuestra ropa
y nuestro aspecto te harían ver qué vida
arrastramos desde tu destierro. Piensa si no somos
más desgraciadas que todas las mujeres,
pues ahora tu presencia, que debía
darnos lágrimas de gozo y alegría al corazón,

nos hace llorar de pena y temblar de espanto,
teniendo que ver la madre, la esposa y el niño
cómo el hijo, el marido y el padre
le saca las entrañas a su patria.
Y nosotras, desdichadas, padecemos tu rigor.
Nos impides que recemos a los dioses
y nos privas de un consuelo que a todos
nos alivia. Pues, ¿cómo vamos, sí,
cómo vamos a rogar por nuestra patria,
como es nuestro deber, y por tu victoria,
como es nuestro deber? ¡Ay! O perdemos
a la patria, nuestra amada nodriza, o a ti,
nuestro consuelo en la patria. La ruina
será inevitable, se cumplan o no nuestros deseos,
venza quien venza. Pues, o te llevan maniatado
por las calles de Roma cual traidor,
o pisarás victorioso las ruinas de tu patria,
ganando la palma por haber valientemente
derramado la sangre de tu esposa y de tus hijos.
Yo, hijo mío, no esperaré a que la fortuna
decida el desenlace de esta guerra.
Si no logro persuadirte de que muestres
un gesto de nobleza a las dos partes,
en vez de procurar el fin de una,
no podrás asaltar tu patria sin pisar
el vientre de la madre que te trajo al mundo.

VIRGILIA

Sí, y el mío, que te ha dado este hijo
para perpetuar tu nombre.

NIÑO

Por encima de mí no pasará.
Antes huiré y, cuando sea mayor, lucharé.

CORIOLANO

Si no quieres dejarte enternecer
no mires a la cara a niño ni a mujer.
He oído demasiado.

[*Se levanta.*]

VOLUMNIA

No nos dejes así. Si nuestro ruego aspirase
a salvar a los romanos venciendo a los volscos,
podrías acusarnos de ultrajar tu honor.
No: nuestra súplica es que reconcilies
a ambas partes, y así dirán los volscos
«Ved la merced otorgada», y los romanos,
«Ved la merced recibida», y en cada bando
te aclamarán todos a coro diciendo:
«Bendito seas por esta paz». Tú sabes,
gran hijo, que el fin de la guerra es incierto,
mas lo cierto es que si vences a Roma
tu triunfo será un nombre tal que, al pronunciarse,
atraerá sobre sí las maldiciones,
y las crónicas dirán: «Fue de gran nobleza,
pero en su última empresa la borró
y arrasó su patria. Su nombre queda escrito
para odio de los tiempos venideros».
Háblame, hijo. Ansiabas las virtudes del honor
para imitar los poderes de los dioses,
para rasgar el ancho rostro del aire
con el trueno, y todo para que tu rayo
apenas parta una encina. ¿Por qué callas?
¿Crees que es honroso para un noble
estar siempre recordando los agravios?
Hija, habla tú. Ni tu llanto le inquieta.

Habla tú, niño; quizá tu pequeñez
pueda moverle más que mis palabras.
No hay hombre que deba más a su madre,
pero él me tiene aquí parloteando,
como un cautivo en el cepo. En tu vida
has tenido cortesías con tu madre,
tu pobre gallina que, feliz con su única cría,
cloqueando a las guerras te mandaba,
y, a salvo, cargado de honores te traía.
Di que mi ruego es injusto y échame a patadas;
si no lo es, no tienes honor, y los dioses
te atormentarán por haberme negado
el respeto debido a una madre. Ahora se vuelve.
¡Al suelo, mujeres! Deshonrémosle con las rodillas.
Ser Coriolano le inspira más soberbia
que piedad nuestra súplica. ¡Al suelo! Acabemos,
es el fin. Bien, regresamos a Roma, a morir
con nuestros vecinos. ¡Míranos! Este niño
que no sabe lo que pide, que se postra
y levanta las manos por acompañarnos,
expresa nuestro ruego con más fuerza
que tengas tú para negarla. Venga, vamos.
Este hombre tiene por madre a una volsca,
su mujer vive en Corioles, y su hijo
se le parece de milagro. Despídenos al menos.
Callaré hasta que Roma esté en llamas,
y después diré lo mío.

CORIOLANO

La detiene tomándole la mano, en silencio.

¡Ah, madre, madre! ¿Qué has hecho?
Mira, los cielos se abren, los dioses nos miran

y ríen de esta escena despiadada.
¡Ah, madre, madre! ¡Ah! Regresas a Roma
con una victoria feliz, mas yo te aseguro,
madre, te aseguro que a tu hijo
lo dejas vencido con una herida grave
y acaso mortal. Venga lo que sea.—
Aufidio, si no puedo hacer la guerra prometida,
haré una paz decorosa. Buen Aufidio,
en mi lugar, ¿habrías escuchado
menos a tu madre? ¿Le habrías dado menos?

AUFIDIO

Estaba emocionado.

CORIOLANO

Lo habría jurado. Y eso que no es fácil
hacer llorar a mis ojos. Ahora dime,
buen Aufidio, qué paz deseas hacer.
Yo no iré a Roma; volveré contigo.
Y, te lo ruego, apóyame en este asunto.—
¡Ah, madre, esposa!

AUFIDIO [*aparte*]

Me alegro de que se hayan enfrentado
tu honor y tu clemencia. Así podré
recobrar el prestigio perdido.

CORIOLANO [*a* VOLUMNIA, VIRGILIA, *etc.*]

Sí, en seguida. Primero bebamos.
Después os llevaréis un testimonio
de más valor que las palabras,
que sellaremos en los términos previstos.
Entrad con nosotros. Señoras, merecéis
que os levanten un templo. Todas las espadas
de Italia, con todas las armas aliadas,
no habrían alcanzado esta paz.

Salen.

V.iv *Entran* MENENIO *y* SICINIO.

MENENIO
¿Ves aquella esquina del Capitolio, la piedra angular?

SICINIO
Sí, ¿qué le pasa?

MENENIO
Si eres capaz de moverla con el dedo meñique aún hay esperanza de que le convenzan las damas de Roma, particularmente su madre. Pero te digo que no hay esperanza; estamos sentenciados y tenemos las horas contadas.

SICINIO
¿Es posible que cambie el carácter de un hombre en tan poco tiempo?

MENENIO
La mariposa difiere de la oruga, pero antes fue oruga. Este Marcio se ha convertido de hombre en dragón: tiene alas; ya no es sólo un ser que se arrastra.

SICINIO
Quería a su madre entrañablemente.

MENENIO
Y a mí también. Y ahora no se acuerda de su madre más que un caballo de ocho años. La aspereza de su cara pone agria la uva madura. Cuando anda, se mueve como una máquina de guerra y el suelo se hunde bajo sus pies. Puede perforar una coraza con los ojos, su voz toca a muerto y sus gruñidos suenan a golpes de tambor. Se sienta con toda majestad, como una efigie de Alejandro. Lo que ordena se

cumple con la orden. Para ser un dios sólo le falta eternidad y un cielo que le sirva de trono.

SICINIO

Y clemencia, si has sido fiel en tu retrato.

MENENIO

Te lo he pintado al vivo. A ver la clemencia que le saca su madre. En él no hay más clemencia que ternura en un tigre. Se va a enterar nuestra pobre ciudad. Y todo por vuestra culpa.

SICINIO

Los dioses nos amparen.

MENENIO

No. En un caso como éste los dioses no van a ampararnos. No los respetamos desterrando a Marcio, y ahora que viene a desnucarnos, ellos no nos van a respetar.

Entra un MENSAJERO.

MENSAJERO [*a* SICINIO]

Señor, si quieres salvarte, corre a tu casa.
El pueblo ha atrapado a tu compañero,
y lo arrastran de aquí para allá, jurando
que, si las damas no nos traen sosiego,
le darán la muerte lenta.

Entra otro MENSAJERO.

SICINIO

¿Qué hay de nuevo?

MENSAJERO [2.º]

¡Buenas noticias! Las damas lo han logrado,
los volscos se retiran y Marcio ya no está.
Jamás conoció Roma un día tan feliz,
ni cuando la expulsión de los Tarquinos.

SICINIO

Amigo, ¿estás seguro? ¿Es verdad?

MENSAJERO [2.º]

Tan verdad como que el sol es fuego.
¿Dónde te has metido que lo dudas?
Jamás corrió la crecida bajo el puente
como la alegría por las puertas de Roma. ¡Oíd!

Clarines, oboes y tambores, todos juntos.

Sacabuches, clarines, salterios y pífanos,
tamboriles, címbalos y el clamor de los romanos
hacen bailar al sol. ¡Escuchad!

Aclamación dentro.

MENENIO

¡Gran noticia! Voy al encuentro de las damas.
Esta Volumnia vale por toda una ciudad
de cónsules, senadores y patricios;
por todo un mar y un continente
de tribunos como tú. Hoy habéis rezado bien.
Esta mañana no habría dado un céntimo
por diez mil gargantas vuestras. ¡Oíd qué júbilo!

[*Sale.*]
Continúan la música y las aclamaciones.

SICINIO

Los dioses te bendigan por esta noticia
y ahora, acepta mi agradecimiento.

MENSAJERO [2.º]

Señor, todos tenemos motivo
para dar gracias a los dioses.

SICINIO

¿Están cerca de la ciudad?

MENSAJERO [2.º]

A punto de entrar.

SICINIO

Vamos a su encuentro y unámonos al júbilo.

Salen.

V.v *Entran dos* SENADORES, *con las damas y otros nobles, y cruzan el escenario.*

SENADOR

¡Mirad a nuestra patrona, la vida de Roma!
Llamad a todas las gentes, alabad a los dioses
y encended hogueras triunfales. Esparcid flores
a su paso. Acallad a los que echaron a Marcio.
Pedid su regreso aclamando a su madre.
Gritad: ¡Bienvenidas, señoras, bienvenidas!

TODOS

¡Bienvenidas, señoras, bienvenidas!

Redoble de tambor y toque de clarines. [*Salen.*]

V.vi *Entra Tulo* AUFIDIO, *con acompañamiento.*

AUFIDIO

Decid a los senadores que estoy aquí.
Entregadles esta carta. Una vez leída,
pedidles que acudan al foro, donde yo
demostraré lo que digo ante ellos

y ante el pueblo. El que acuso
ya ha entrado en la ciudad con la intención
de presentarse ante el pueblo y la esperanza
de exculparse con palabras. ¡Vamos!

[*Salen los acompañantes.*] *Entran tres o cuatro* CONSPIRADORES, *secuaces de* AUFIDIO.

Bienvenidos.

CONSPIRADOR 1.º
¿Cómo está nuestro general?

AUFIDIO
Como el hombre envenenado por su propia limosna
y muerto por su propia caridad.

CONSPIRADOR 2.º
Noble señor, si persistes en el plan
para el cual deseas nuestra ayuda,
te libraremos de un grave peligro.

AUFIDIO
No sé. Debemos obrar según responda el pueblo.

CONSPIRADOR 3.º
Que no responderá mientras haya discusión.
Sin embargo, si uno cae, el superviviente
será el heredero universal.

AUFIDIO
Lo sé, y mi pretexto para hundirle
tiene explicación. Yo le encumbré,
y empeñé mi honor por su lealtad,
pero, ensalzado, regó sus nuevas plantas
con el rocío del halago y sedujo a mis amigos.
A este fin encaminó su carácter,
siempre independiente, áspero o díscolo.

CONSPIRADOR 3.º

Señor, su contumacia, al presentarse
al consulado, que perdió por no plegarse...

AUFIDIO

De eso iba a hablar. Desterrado,
vino a mi hogar y ofreció su garganta
a mi cuchillo. Le acogí, le hice
compañero de armas, consentí en todos
sus deseos; hasta le dejé que escogiese
entre mis filas a mis hombres mejores
para realizar sus planes; cumplí sus designios
por mí mismo; le ayudé a cosechar una gloria
que almacenó para sí y tuve a gala
ser injusto con mi propia persona;
hasta que al fin parecía un subalterno
y no su igual, y él me pagaba con sonrisas
cual si yo hubiera sido un mercenario.

CONSPIRADOR 1.º

Es verdad, señor. La tropa se asombraba
y, por fin, cuando fuimos contra Roma
y aspirábamos a la gloria y al botín...

AUFIDIO

Por eso le hundiré con todas mis fuerzas.
Por una pizca de llanto mujeril
que no vale más que la mentira, vendió
la sangre y el sudor de nuestra empresa.
Por eso ha de morir, y yo renaceré
con su caída. ¡Escuchad!

Suenan los tambores y clarines, con grandes aclamaciones del pueblo.

CONSPIRADOR 1.º

Entraste en tu ciudad como un mensajero
sin que nadie te acogiese. Pero él regresa
entre clamores que desgarran el aire.

CONSPIRADOR 2.º

Y esos sufridos idiotas,
cuyos hijos murieron a sus manos,
se desgañitan con sus vítores serviles.

CONSPIRADOR 3.º

Cuando veas la ocasión, antes que hable
o mueva al pueblo con palabras, haz
que sienta tu espada. Nosotros te secundaremos.
Cuando ya esté en el suelo, cuenta su historia
a tu manera y así enterrarás
su discurso con su cuerpo.

AUFIDIO

No se hable más. Aquí vienen los senadores.

Entran los SENADORES *de la ciudad.*

TODOS [LOS SENADORES]

Bienvenido seas.

AUFIDIO

No lo merezco. Pero, mis nobles señores,
¿habéis leído mi carta con atención?

TODOS [LOS SENADORES]

La hemos leído.

SENADOR 1.º

Y nos ha dado pena. Sus errores anteriores
se habrían castigado levemente,
pero acabar donde había que empezar
y malvender la ventaja de un ejército,
resarciéndose con todo nuestro gasto,

firmando un tratado y no una rendición...
Eso no tiene excusa.

AUFIDIO

Ahí viene. Ahora le oiréis.

Entra CORIOLANO, *desfilando con tambores y bandera, seguido del pueblo.*

CORIOLANO

¡Salud, Señorías! Aquí está vuestro soldado,
no más contagiado de amor a su patria
que cuando salió, y siempre leal
a vuestras órdenes supremas. Sabed
que he llevado con éxito la guerra
y que he abierto un camino de sangre
hasta las puertas de Roma. El botín
recogido supera en más de un tercio
al costo de la empresa. La paz que hemos suscrito
es tan honorable para Ancio
como es infamante para Roma.
Aquí os entregamos, suscrito por patricios
y cónsules, con el sello del Senado,
el texto del acuerdo.

AUFIDIO

No lo leáis, mis nobles señores, sino
decid a este traidor en el máximo grado
que ha abusado de poderes ajenos.

CORIOLANO

¡Cómo «traidor»!

AUFIDIO

¡Sí, traidor, Marcio!

CORIOLANO

¡Marcio!

AUFIDIO

¡Sí, Marcio, Cayo Marcio! ¿Te imaginas
que voy a honrarte aquí en Corioles con un robo,
con esa usurpación de «Coriolano»?
Señorías y nobles del Estado, con perfidia
ha traicionado vuestra empresa, entregando
por unas lágrimas vuestra ciudad de Roma,
¡vuestra ciudad!, a su mujer y a su madre
rompiendo promesa y juramento, cual si fuesen
hebras de seda podrida, sin consultar a nadie.
Pero así que vio llorar a su nodriza, os arrancó
vuestra victoria con tantos ayes y gemidos
que los pajes se ruborizaban
y los valientes se miraban asombrados.

CORIOLANO

¿Lo oyes, Marte?

AUFIDIO

No nombres al dios, crío llorón.

CORIOLANO

¡Ah!

AUFIDIO

Sí, y nada más.

CORIOLANO

¡Inmenso embustero! Vas a hacer
que me estalle el corazón. ¡Crío! ¡Ah, canalla!
Perdonad, Señorías: es la primera vez
que me fuerzan a insultar. Señores, vuestro juicio
desmentirá a este perro, y su conocimiento
(él lleva mis trallazos en su cuerpo y llevará
mis golpes a su tumba) habrá de unirse
para hacer que se trague su mentira.

SENADOR 1.º

¡Silencio los dos y escuchadme!

CORIOLANO

¡Cortadme a pedazos, volscos! ¡Hombres,
[muchachos!
¡Teñid vuestras espadas en mi sangre!
¡Crío! ¡Perro pérfido! Si tus crónicas no mienten,
dirán que, como águila en un palomar, yo
armé el revoloteo en tu Corioles.
¡Yo solo! ¡Crío!

AUFIDIO

¡Cómo, mis nobles señores! ¿Vais a dejar
que este impío bravucón os traiga al recuerdo
su ciega fortuna, que fue vuestra deshonra,
en vuestros propios ojos?

TODOS LOS CONSPIRADORES

¡Que lo pague con la muerte!

TODO EL PUEBLO

¡Hacedle pedazos! ¡Ahora mismo! ¡Mató a mi hijo!
¡Y a mi hija! ¡Mató a mi sobrino Marco! ¡Mató a mi
padre!

SENADOR 2.º

¡Silencio! ¡No haya violencia! ¡Silencio!
Su nobleza es conocida y su fama
envuelve todo el orbe. Con sus culpas
se hará completa justicia. ¡Alto, Aufidio,
y no perturbes el orden!

CORIOLANO

¡Que no se ponga Aufidio,
ni seis o más Aufidios, ni su raza,
delante de mi espada justiciera!

AUFIDIO

¡Canalla insolente!

TODOS LOS CONSPIRADORES

¡Muerte a Marcio, muerte, muerte, muerte, muerte!

Los CONSPIRADORES *desenvainan y matan a* MARCIO, *que cae.* AUFIDIO *le pone el pie sobre el cuello.*

SENADORES
¡Alto, alto, alto!
AUFIDIO
Mis nobles señores, escuchadme.
SENADOR 1.º
¡Oh, Aufidio!
SENADOR 2.º
Tu acto hará que llore el valor.
SENADOR 3.º
No le pises.— Calma, señores.
Envainad vuestras espadas.
AUFIDIO
Señorías, cuando veáis (y en esta saña
que él ha provocado no podréis) el gran peligro
que os hacía correr su vida, os alegrará
que la hayamos segado de este modo.
Tengan a bien Vuestras Señorías
convocarme al Senado; si no demuestro
mi lealtad, sufriré la condena más severa.
SENADOR 1.º
Llevaos su cuerpo y llorad por él.
Que sea honrado como el cadáver más noble
que un heraldo acompañó al sepulcro.
SENADOR 2.º
Su propio arrebato absuelve a Aufidio
de buena parte de su culpa.
Habrá que aprovecharlo.
AUFIDIO
Mi cólera ha cesado, y estoy

transido de pena. Levantadle. Que ayuden
tres de los mejores soldados. Yo también.
Suene tu tambor en señal de duelo.
Arrastrad las picas. Aunque haya dejado
huérfanos y viudas en esta ciudad
que aún en este día lloran a sus muertos,
él reposará en noble monumento.
Ayudad.

Salen, llevando el cadáver de MARCIO. *Suena una marcha fúnebre.*